WWW.2BEKNOWN.DE

2BEKNOWN
CONSULTING CONTACTS CONNECTIONS

„Wir zeigen Ihnen, wie Sie immer und überall mit Spass und Niveau neue Geschäftspartner kennenlernen."

TOBIAS SCHLOSSER

Aufgewachsen in Leipzig/ Sachsen, sammelte er anfänglich wegen seiner großen Leidenschaft für den Sport als Physiotherapeut, insbesondere in der Fitness- und Gesundheitsbranche erste Erfahrungen im Bereich der Kommunikation und Motivation von Menschen.

Während seines Studiums der Psychologie hatte er erste Kontakte mit der freien Wirtschaft und entschloss sich zu einer Vertriebstätigkeit bei einem namhaften Versicherungskonzern.

Nach anfänglichen Schwierigkeiten mit den etablierten Methoden entwickelte sich dieses Geschäft dann sehr positiv. Mit der Rekrutierung seiner ersten Geschäftspartner entdeckte er seine Leidenschaft für den Gruppenaufbau und hier insbesondere für das professionelle und stilvolle Kontakten und die Ansprache von potenziellen Geschäftspartnern durch die Technik des FREMDKONTAKTES bzw. der DIREKTANSPRACHE.

Dieses Know-How kultivierte er in unzähligen Gesprächen und baute während seiner Tätigkeit in Leipzig und als Stützpunktleiter in München jeweils Gruppen von beachtlicher Größe auf.

Während dieser Zeit gab er sein Spezialwissen in diesem Bereich auch gerne sehr motivierend an Kollegen weiter und machte sich einen Namen als Kontaktprofi.

Auch seinen heutigen Geschäftspartner Rainer Freiherr von Massenbach brachte er auf diese Art und Weise ins Geschäft und legte damit den Grundstein für eine gewinnbringende Geschäftspartnerschaft und nunmehr 5 Jahre dauernde Freundschaft.

Die Fähigkeit und Leidenschaft, Menschen immer und überall auf kürzestem Wege direkt ansprechen zu können, waren damit die Grundlage für das heutige Seminar- und Workshopkonzept von 2BEKNOWN.

Bei 2BEKNOWN ist er Spezialist insbesondere für Workshops und Praxistrainings, in denen er sein Können an unsere Teilnehmer weitergibt. Hier wird speziell für jeden nachvollziehbar der Beweis angetreten, dass die DIREKTANSPRACHE für jeden erlernbar ist, und damit dem Erfolg auch IHRER Gruppe keine Grenzen mehr gesetzt sind.

KLAR TEXT

DAS BASIS-BUCH FÜR NETWORK- UND VERTRIEBSEINSTEIGER

Ein Buch von Tobias Schlosser

2BEKNOWN
CONSULTING CONTACTS CONNECTIONS

Inhalt

2BEKNOWN

Vorwort

Jedem Anfang wohnt ein Zauber inne.

Hermann Hesse

Ein sehr erfolgreicher Mann hat einmal zu mir gesagt:

Der Tag, an dem ein Mensch das erste Mal mit Network-Marketing in Kontakt kommt, ist gleichzusetzen mit einem zweiten Geburtstag!

An diesem Tag wird wieder alles möglich, was bisher unerreichbar schien, es offenbaren sich Chancen, wo bisher nur Probleme waren, es kommen Emotionen auf, die man schon seit langem vergessen glaubte, und es herrscht eine Stimmung des Aufbruchs. Und zwar für diejenigen Menschen, die auf der Suche sind, auf der Suche nach Verbesserung, auf der Suche nach Möglichkeiten, Entwicklung und positiver Veränderung, schlicht und einfach auf der Suche nach einer „CHANCE".

Sie haben heute wahrscheinlich die Möglichkeit, „DIE CHANCE" Network-Marketing zu ergreifen und Ihrem Leben neue Impulse zu verleihen. Sie haben die Möglichkeit zur finanziellen Verbesserung, zur persönlichen und geschäftlichen Weiterentwicklung und die Perspektive, sich ohne großes Risiko und ohne den bei anderen unternehmerischen Tätigkeiten üblichen Kapitaleinsatz ein zusätzliches Standbein oder gar eine neue berufliche Existenz aufzubauen. Machen Sie sich auf den Weg, den schon viele vor Ihnen erfolgreich beschritten haben, und werden auch Sie zu einem Menschen, der seinem Leben selbstbestimmt und eigenverantwortlich eine neue Richtung gibt.

Gerade weil Network-Marketing, so wie jedes andere Business auch, eigene Regeln und bestimmte spezifische Eigenheiten besitzt, habe ich dieses Manual sozusagen als eine Art „Bedienungsanleitung" geschrieben. Wer die Regeln kennt, weiß, worauf er sich einlässt, und kommt mit Sicherheit schneller ans Ziel. Nachdem Sie dieses Buch gelesen haben, wird Ihnen auf alle Fälle klar sein, was zu tun ist, aber auch, was man besser nicht tut. Ob Sie sich daran halten, dürfen Sie wie immer im Leben glücklicherweise selbst entscheiden.

Auf den nächsten Seiten dieses Handbuches möchte ich ganz besonders auf den so wichtigen Start im Multi-Level-Marketing (MLM) eingehen, denn am Start erkennt man die Sieger, so sagt man! Die Verlierer allerdings auch.

Es bestehen für Sie höchste Erfolgsaussichten, wenn Sie sich mit den Dingen, die in den nächsten Kapiteln beschrieben werden, intensiv beschäftigen, wenn Sie sie anwenden und vielleicht sogar irgendwann Ihr ganzes Leben danach ausrichten. Verstehen Sie bitte dieses Buch als Hilfe dafür, den „Karren richtig ins Rollen zu bringen", dafür, die Initialzündung zu setzen und schnell Fahrt aufzunehmen.

Ganz besonders liegt mir am Herzen, dass Sie, wenn Sie im Network-Marketing gestartet sind, niemals vergessen, warum. Bewahren und kultivieren Sie jeden Tag die Magie und den Zauber des Neubeginns, sponsern Sie sich immer wieder selbst aufs Neue und seien Sie sich dessen bewusst: Zwei Geburtstage haben nicht viele Menschen im Leben!

Ich wünsche Ihnen viel Spaß beim Lesen.

Und denken Sie stets daran: Das Networkerleben ist schön, man muss nur daran teilnehmen!

Die richtige Abteilung!!

Wenn es um die Wahl des richtigen Arbeitsplatzes, des richtigen Berufes oder auch des richtigen Nebenjobs geht, heißt es zunächst, die Fakten zu prüfen – und sich auf sein Bauchgefühl zu verlassen. Ihr gutes Gefühl möchte ich an dieser Stelle nochmals bestärken, denn egal wie Sie MLM betreiben, das Berufsbild des Networkers ist auf alle Fälle ein Trendberuf des 21. Jahrhunderts, der wie kein anderer unserer heutigen Zeit und der Lebensweise unserer Gesellschaft gerecht wird.

Deswegen an dieser Stelle noch einmal meinen herzlichen Glückwunsch zu Ihrem Start im MLM! Denn im MLM, Network oder auch Strukturvertrieb zu arbeiten, kommt aus meiner Sicht einem Segen gleich. Sie wollen wissen, warum? Ganz einfach. Aus betriebswirtschaftlicher Sicht gesehen verursachen alle Abteilungen einer Firma relativ hohe Kosten. Außer der Abteilung, für die Sie sich entschieden haben! Denn ein Network-Marketing-System oder auch Multi-Level-Marketing-System ist quasi der verlängerte Arm eines Unternehmens, der die Produkte oder auch Dienstleistungen zum Endverbraucher bringt. Das heißt im weiteren Sinne, hier werden Produkte entweder konsumiert, weiterempfohlen oder/und verkauft, und genau das sorgt für Umsatz. Umsatz wiederum ist das, was für jedes Wirtschaftsunternehmen am wichtigsten ist, denn ohne Umsatz kein Gewinn, und ohne Gewinn keine Daseinsberechtigung, keine Rentabilität und kein Fortbestand des Unternehmens.

Haben Sie das Ganze schon mal so betrachtet?

Hier werden Produkte abgesetzt, es entsteht Umsatz, und damit wird die Wertschöpfungskette geschlossen. Das ist genau das, was gebraucht wird.

Ist es nicht gut zu wissen: Ich arbeite in derjenigen Abteilung einer Firma, in der, wenn alle Stränge reißen, als Allerletztes gespart wird? Ich denke, dass dieser Aspekt in der heutigen Zeit ein gewichtiges Argument für eine Tätigkeit in diesem Bereich ist. Das bestätigen mir auch immer wieder die vielen Menschen, die schon seit längerer Zeit erfolgreich in Networksystemen arbeiten und die die Entscheidung für diese Tätigkeit, egal ob haupt- oder nebenberuflich, zu den besten ihres Lebens zählen.

Es ist immer wieder ein tolles und erhebendes Gefühl, dass man als Mitarbeiter eines MLM einen entscheidenden Vorteil genießt. Nämlich den Vorteil der Unabhängigkeit vom Fortbestand einer festen Arbeitsstelle und die Gewissheit, eine berufliche Alternative für den „Fall X" zu besitzen. Gerade in einer sehr turbulenten und schnelllebigen Zeit, in der selbst jahrzehntealte und gestandene Großunternehmen von heute auf morgen von der Bildfläche verschwinden, ist es wichtig, selbst für ein kleines oder auch großes Stückchen Unabhängigkeit zu sorgen. Unabhängig ist aber nur der, der Alternativen kennt und auch nutzt! Denken Sie daran: Wahrscheinlich können Sie die globalen Veränderungen im Bereich der wirtschaftlichen Entwicklung nicht aufhalten, aber Sie haben die Möglichkeit, entsprechend darauf zu reagieren, und genau das haben Sie getan. Sie haben Alternativen erkannt und engagieren sich in einem MLM.

Drei Jahre Probe- und Ausbildungsphase

Es gibt verschiedene Gründe dafür, in einem Networksystem tätig zu sein.

Für den einen ist es der Zusatzverdienst von 400 Euro, für den Nächsten die Entwicklung einer Unternehmerpersönlichkeit, für die meisten jedoch ist es der Wunsch, Traum oder vielleicht sogar schon die Vision, einmal weitgehende oder völlige finanzielle Unabhängigkeit zu erreichen.

Ein Problem in diesem Zusammenhang stellt meiner Meinung nach jedoch die Tatsache dar, dass viele Networker einer Illusion hinterherjagen. Und zwar wenn es darum geht, wie viel man dafür leisten muss. Ich möchte Ihnen schon an dieser Stelle ganz konsequent den Spiegel vorhalten und Sie fragen:

Sind Sie bereit, den Preis dafür zu zahlen, sind Sie bereit, den nötigen Einsatz zu bringen, und vor allem: Sind Sie bereit, sich zu einem anderen Menschen zu entwickeln – einem Menschen, der die notwendigen Fähigkeiten besitzt, um finanziell frei zu sein?

Warum ich Sie schon an dieser Stelle mit dieser Frage konfrontiere, hat einen einfachen Grund. Ich möchte nicht, dass Sie mit falschen Erwartungen an die ganze

Sache herangehen. Die meisten wollen so viel erreichen oder bekommen, sind aber nur bereit, sehr wenig dafür zu tun.

Oft habe ich den Eindruck, dass jeder etwas sein, aber keiner etwas werden will.

Wenn Sie auf der einen Seite so viel mit Network-Marketing erreichen können, so ist es auf der anderen Seite erforderlich, diesem System auch den nötigen Respekt zu zollen. Damit meine ich nicht mehr und nicht weniger Respekt und natürlich auch Einsatz, als sie für eine konventionelle Berufsausbildung, ein Studium oder aber für eine andere Art von Selbstständigkeit auch vonnöten wären.

Was ich darunter verstehe, ist recht schnell erklärt. Wenn man für einen „normalen Job", der einen Verdienst von 1100 Euro netto verspricht, drei Jahre lernen muss, dann nennen Sie mir bitte einen Grund, warum das für den Job des Networkers, der wesentlich bessere Verdienstmöglichkeiten und Zukunftsperspektiven verspricht, nicht mindestens genauso sein sollte. Akzeptieren Sie also als Allererstes eine mindestens dreijährige Ausbildungszeit, denn eine Investition in Ihre persönliche Ausbildung bringt bekanntlich immer noch die besten Zinsen! Jede herkömmliche Selbstständigkeit braucht statistisch gesehen genau diese Zeit von drei Jahren, um kaufmännisch gewinnbringend und rentabel zu laufen. Ich erinnere an dieser Stelle auch einfach mal an Studenten, die teilweise vier, fünf oder auch sechs Jahre studieren und dabei nicht einen einzigen Euro verdienen. Wissen Sie, was passiert, wenn Sie über diesen Zeitraum konsequent Network-Marketing betreiben und sich kontinuierlich fortbilden …? Ich traue mir gar nicht darüber nachzudenken – wahrscheinlich sind Sie sogar schon am Ziel Ihrer Träume und Wünsche!

Egal ob Sie Ihr neues Geschäft haupt- oder nebenberuflich starten: Legen Sie von vornherein genau diesen Zeitraum von drei Jahren fest, um herauszufinden, ob Sie sich langfristig dieser Branche oder diesem Geschäft verschreiben wollen. Sehen Sie das Ganze sozusagen als Probephase, in der Sie sich bewähren müssen. Geben Sie sich auf alle Fälle selbst diese Zeit, und noch einmal: Gehen Sie das neue Business mit dem nötigen Respekt an! Bewerten Sie dabei nicht nur das verdiente Geld oder die Anerkennung, die Sie für Ihre Erfolge bekommen, sondern behalten Sie auch Ihre persönliche Entwicklung im Auge. Tun Sie einfach Ihren Job und geben Sie sich die Zeit.

Setzen Sie sich einen Stichtag drei Jahre nach Ihrem Start und ziehen Sie an diesem Tag Bilanz über das bisher Erreichte. Auch wenn Sie vielleicht in der Zeit bis dahin einmal ein paar Herausforderungen meistern müssen und Ihr Geschäftsaufbau vielleicht sogar stagniert: Ignorieren Sie das einfach, nehmen Sie die Emotionen raus und denken Sie in diesen Situationen immer daran, dass Sie sich für eine mindestens dreijährige Ausbildung entschieden haben. Vor allem: Stellen Sie Ihre Entscheidung nicht immer wieder in Frage. Ihre endgültiges Ja oder Nein behalten Sie sich für den Tag vor, den Sie als Ihren persönlichen Stichtag festgelegt haben. Denken Sie immer wieder einmal an die „armen Studenten", die vier, fünf oder gar sechs Jahre an der Hochschule rund um die Uhr lernen, um dann lediglich die Gewissheit zu haben, dass die Suche nach einem jederzeit unsicheren Arbeitsplatz gerade erst einmal losgeht.

Sollten Sie nach drei Jahren Ausbildungszeit und kontinuierlichem TUN keinen Erfolg im Network-Marketing haben, so können Sie Ihre berufliche Zukunft neu abwägen, neue Ziele abstecken oder eine andere Strategie festlegen – aber auf keinen Fall früher!
Warum ich das empfehle, ist relativ einfach. Ich habe viele Networker kennengelernt – um ehrlich zu sein, ist das sogar der größere Teil –, die zu schnell wieder aufgaben, die sich einfach nicht die notwendige Zeit zugestanden, um erfolgreich zu werden, und die sich damit schlichtweg um die Früchte ihrer Arbeit bringen. Viele gehen im sprichwörtlichen Sinne an den Start, um Olympia zu gewinnen, oder um zumindest dabei zu sein, planen dafür aber nur ein paarmal Training ein. Die

meisten Sportler trainieren ihr halbes Leben dafür, um Olympiateilnehmer zu sein, im Vergleich dazu sind die drei Jahre Ausbildungszeit im Network doch ein absoluter Witz! Das sollte jedem Neustarter klar sein.

Abschließend bleibt mir zu diesem Thema nur noch eines zu sagen. Es steht zu diesem Zeitpunkt schon fest, dass Sie heute mit 90 Prozent Sicherheit noch nicht der Mensch sind, der von Network-Marketing leben oder damit gar ein fünfstelliges, vielleicht passives Einkommen verdienen kann. Es steht aber genauso jetzt schon fest, dass Sie zu 90 Prozent in ungefähr drei Jahren zu diesem Menschen werden können. Nämlich durch Ausbildung und Arbeit! Ich spreche hier aus eigener Erfahrung.

Autodidakt sein!

Kennen Sie Autodidakten? Wenn nicht, ist das nicht so schlimm, denn ab heute sind Sie selbst einer.

Um im Network erfolgreich zu sein, bedarf es natürlich wie in jeder anderen Branche oder jedem anderen Berufsbild eines umfangreichen Wissensschatzes.

In der freien Wirtschaft ist es meistens so, dass das Einkommen mit dem Grad beziehungsweise der Qualität der genossenen Ausbildung ansteigt. Im Network ist das im Prinzip genauso, mit dem kleinen Unterschied, dass die Ausbildungsinhalte und zu erlernenden Techniken und Fertigkeiten komplett praxiserprobt sind und auf anderem Wege vermittelt werden.

Da man im Network noch keine zusammenhängende Lehre und auch kein Studium absolvieren kann, ist Ihr Erfolg in sehr hohem Maße davon abhängig, inwieweit Sie in der Lage sind, sich Produkt-, Fach- und Branchenwissen SELBST anzueignen. Selbst aneignen bedeutet in diesem Falle, sich das notwendige Erfolgswissen oder Informationen eigenverantwortlich zu besorgen, denn so besagt schon ein altes, jedem bekanntes Sprichwort:

Wissensschuld ist Holschuld!

Ich möchte Sie an dieser Stelle ermutigen. Sie können nach einem sehr einfachen Prinzip vorgehen. Bitte seien Sie sich sicher, dass alles Wissen, das Sie für Ihren Erfolg benötigen, grundsätzlich schon einmal vorhanden ist. Jeder schwierigen Situation, jedem Problem, jedem Wissensdefizit ist in der heutigen Zeit mit Hilfe des Internets und moderner Kommunikationsmedien innerhalb kürzester Zeit abzuhelfen.

Ich persönlich habe mir angewöhnt, dass ich meine konkrete Frage (etwa zum Thema Verkauf: Was ist eine Alternativfrage?) zuerst in eine Internetsuchmaschine (zum Beispiel Google) eingebe. Meistens gibt es schon innerhalb der ersten Treffer befriedigende Antworten, denn oft landet man in einem Forum, in dem so etwas diskutiert wird, bei Wikipedia oder auf Websites, wo Erfolgs- und Verkaufstrainer kostenlose Testamonials zur Verfügung stellen. Das wäre schon einmal die ganz schnelle Variante, um „Special Know-how" kostenlos zu bekommen.

Hier sei angemerkt, dass die ersten Treffer noch nicht unbedingt repräsentative Antworten liefern müssen, meistens jedoch schon die richtige Richtung weisen.

Die etwas zeitintensivere Variante wäre die, sich auf den Websites von bekannten Verkaufs-, Erfolgs- oder Fachtrainern zum Newsletter anzumelden. Oft sind auf diesen Seiten auch kostenlose PDF-Downloads oder Podcasts zu erhalten.

Wenn Sie sich im Nachgang zum oben genannten Beispiel eingehender damit beschäftigen, die Grundlagen des Verkaufs zu erlernen, dann nutzen Sie doch einfach eine ganz simple Vorgehensweise. Sie brauchen dafür lediglich die drei am meisten verkauften Bücher zu diesem Thema zu lesen. In diesen Büchern werden Sie mit großer Wahrscheinlichkeit 80 Prozent des einschlägigen Gesamtwissens finden, und Sie wissen nach dem Lesen rein faktisch mehr auf diesem Gebiet als der Großteil Ihrer Mitmenschen. Das ist übrigens bei jedem Thema so, egal, was Sie gerade interessiert.

Sie können das Ganze intensivieren, indem Sie zum Thema Verkauf noch zusätzlich die drei meistverkauften Bücher über Menschenkenntnis und Körpersprache und als Krönung die drei wichtigsten Bücher zum Thema Kommunikation, Einwandbehandlung und Abschlusstechnik lesen. Wenn Sie das erledigt haben, und das sollte in spätestens acht Wochen der Fall sein, sind Sie schon fast so etwas wie ein Diplomingenieur im Bereich Verkauf.

Wenn Sie nicht der Typ sind, der gern Bücher kauft, oder wenig Budget für Ihre Ausbildung haben, können Sie sich Publikationen zu diesen Themen auch in einer Bibliothek ausleihen, alles kein Problem. Hauptsache, Sie bilden sich intensiv und kontinuierlich selbst fort!

Die persönliche Kontakt- und Namensliste

Ein Neueinsteiger kann auf zweierlei Weise arbeiten: entweder wie ein Amateur, oder aber wie ein Profi. Für welche der beiden Möglichkeiten würden Sie sich entscheiden?

Falls Sie sich für Variante Nummer eins entschieden haben, wovon ich nicht ausgehe, können Sie dieses Kapitel überspringen. Falls Sie aber Variante zwei bevorzugen, dann bitte lesen Sie die nachfolgenden Zeilen noch intensiver. Sie werden wesentlich mit-entscheidend für Ihren Erfolg sein.

Der Unterschied zwischen Profi und Amateur ist fol-gender:

Der Profi ist vorbereitet!

Es gibt mit Sicherheit einige wichtige Dinge, die Sie bei Ihrem Start im Network-Marketing beachten sollten. Allerhöchste Priorität hat dabei in meinen Augen das Erstellen einer persönlichen Kontakt- und Namensliste. Dies ist wichtig, damit Sie einen konkreten Überblick über Ihr persönliches und geschäftliches Kontaktnetz-werk bekommen und gleichzeitig wissen, mit wem Sie grundsätzlich über Ihr neues Geschäft sprechen können. Es geht dabei zunächst noch nicht darum, zu entschei-den, wer Produktnutzer, Kunde oder Geschäftspartner werden soll, sondern lediglich erst einmal darum, Ihr unternehmerisches Potential zu sichten. Alles andere kommt später.

Diese Arbeit wird, wenn überhaupt, von 80 Prozent aller Einsteiger leider höchst stiefmütterlich erledigt, und genau deswegen macht es Sinn, dieses Thema nochmals intensiv zu erörtern. Oft hört man vorab schon Aussagen wie: Ich hab meine Kontakte im Handy oder auf dem PC gespeichert, möglicherweise sogar: im Kopf. Aber genau das reicht eben nicht aus! Meistens kommt als krönende Aussage noch hinzu: Ich hab da fünf Leute, an denen probiere oder teste ich das Ganze einmal. (Übrigens ist im „Probieren und Testen" das Scheitern schon inbegriffen. Vergessen Sie das bitte nie, und überlegen Sie einmal, was passieren würde, wenn Großkonzerne mal so „nebenbei probieren" würden …) Wenn denen das gefällt, dann mache ich weiter. Vorher mache ich mir gar nicht so viel Arbeit mit der professionellen Vorbereitung.

Und was ist, wenn diesen fünf Leuten Ihr neues Geschäft oder Produkt nicht gefällt? Ich wage gar nicht daran zu denken. Sollte dann Ihr neues Engagement schon beendet sein? Es wäre doch fatal, wenn Sie Ihre Zukunft in die Hände der anderen legten und Ihr eigenes Glück von deren Meinung abhängig wäre.

Also, der langen Rede kurzer Sinn, gehen Sie das Ganze professionell an und erstellen Sie Ihre Namensliste! Jetzt! Bei anderen Tätigkeiten im selbstständigen

Bereich ist es meistens erforderlich, Investitionen in Form von Anschaffungen oder Geld zu tätigen. Im Network-Marketing sind die nicht notwendig, denn Sie verfügen bereits über die notwendigen Voraussetzungen. Ihr größtes Kapital und Ihr größter Schatz sind Ihre persönlichen Kontakte.

Jeder Mensch hat eine Familie, Freunde und Bekannte, und genau mit diesen Menschen sollten Sie auch die ersten Gespräche führen! Warum? Weil Ihr Wort und Ihre Meinung dort etwas zählen. Ich gehe bei dieser Aussage davon aus, dass Sie ein rechtschaffener Mensch sind und einen guten Leumund haben!

Des Weiteren lernt man im Laufe seines Lebens die unterschiedlichsten Leute neu kennen, hat eine Reihe von Arbeitskollegen und macht auch tatsächlich jeden Tag neue Bekanntschaften.

Wissenschaftliche Studien sagen, dass ein 25-Jähriger im Durchschnitt in seinem Leben circa 800 Menschen kennengelernt hat, mit denen er in irgendeiner Form etwas zu tun hat. Meistens sind uns jedoch von dieser großen Menge nur die bewusst im Kopf, mit denen wir sehr oft oder täglich umgehen. Das sind jedoch laut oben genannter Studien lediglich 20 Prozent von denen, die man kennt.

Die Kunst besteht nun darin, genau diese 80 Prozent derer, die nicht jeden Tag präsent sind, aus dem „Gewussten" ins „Bewusste" zu holen.

2BEKNOWN

Dies muss nicht unbedingt am ersten Tag nach Ihrem Geschäftsstart passieren, sollte aber zu Ihren wichtigsten Aufgaben in den folgenden Tagen gehören. In der Praxis hat es sich tausendfach bewährt, für den Start eine Namensliste anzufertigen, auf der nicht unbedingt die oben erwähnten 800 Namen stehen, auch keine 500 – aber 150 sollten es fürs Erste mindestens sein, denn diese Anzahl an qualifizierten Kontakten hat sich in der Praxis als absolut gängig bewährt und ist ein Garant für den optimalen Beginn Ihrer Tätigkeit. Diese Namen sollten nun im zweiten Schritt durch so viele Zusatzinformationen wie möglich qualifiziert werden.

Ihre Namensliste hat für Sie einen emotionalen und kaufmännischen Wert und wird, solange Sie dieses Geschäft betreiben, Ihr wichtigstes Arbeitsinstrument sein. Sie ist einer dynamischen Entwicklung unterworfen und wächst im Verlaufe Ihrer Tätigkeit ständig an. Bitte notieren Sie jeden Menschen, den Sie neu kennenlernen, auf dieser Liste.

Ausnahmslos JEDER Kontakt auf dieser Liste ist wichtig, egal ob Sie ihn für wichtig halten oder nicht, egal ob Sie diesen Menschen gut kennen oder nicht, und egal ob der notierte Mensch Sie kennt oder nicht. Da diese Aussage sicher für den einen oder anderen etwas befremdlich wirkt, möchte ich schon jetzt einmal darauf hinweisen, dass es Wege und Strategien geben wird, auch Menschen, die Sie noch nicht kennen, kennenzulernen.

Als erste Anschaffung empfehle ich Ihnen einen Stift und einen kleinen Block, den Sie ab jetzt immer bei sich tragen. Damit stellen Sie sicher, das Sie sich immer und überall die Namen von Menschen notieren können, die Sie irgendwo einmal sehen, an die Sie aber beim Erstellen Ihrer Liste bis jetzt noch gar nicht gedacht haben. Am Abend, wenn Sie nach Hause kommen, können Sie dann quasi die **„Namen des Tages"** in Ihre persönliche Kontaktliste einpflegen.

Leitfaden für die Erstellung Ihrer Namensliste:

1) *Schreiben Sie die Namen ALLER Ihrer Familienangehörigen und Verwandten auf die Liste. Beginnen Sie fürs Erste mit den Vornamen und selektieren Sie nicht!*

2) *Notieren Sie die Namen von Freunden, auch von früheren und entfernt wohnenden.*

3) *Notieren Sie die Namen von Arbeits- und / oder Studienkollegen, auch von ehemaligen.*

4) *Machen Sie weiter mit der Gruppe der guten Bekannten (Freunde aus Vereinen und Verbänden, Sportskameraden, Nachbarn).*

5) *Vervollständigen Sie die Liste durch entfernte*

2BEKNOWN

Bekannte (ehemalige Kollegen, frühere Nachbarn, Urlaubsbekanntschaften, Menschen, die mit Ihnen zur Schule oder Uni gegangen sind oder mit denen Sie eine Ausbildung gemacht haben).

6) *Notieren Sie auch alle Menschen auf Ihrer Liste, die Sie nur oberflächlich kennen oder bisher nur einmal gesehen haben.*

7) *Notieren Sie auch Leute, die Sie nur vom Sehen her kennen, aber nicht genau wissen, wie diese heißen (zum Beispiel: nette Bäckereifachverkäuferin, Postbote).*

Tipp: Fertigen Sie diese Liste, wenn möglich, am besten mit der Unterstützung Ihrer Upline oder Führungskraft an, vielleicht auch zusammen mit Ihrem/er Lebenspartner/in, sofern vorhanden. Nehmen Sie sich die Zeit, diese Mühe wird sich definitiv lohnen.

Nachdem Sie Ihre Handykontakte, Adressbücher und bestehende Datenbanken sorgfältig in Ihre Namensliste übertragen haben, empfiehlt es sich, nun mithilfe von Vornamenslisten und Berufsverzeichnissen nochmals im Gedächtnis zu „kramen".
Nach der Devise: Kenne ich einen Andreas, Armin, Bertram – bis hin zur Zenzi? Oder wer ist Automechaniker, Bäcker, Controller, Drucker oder Zeitungsverkäufer?

So lassen sich längst vergessene Kontakte wieder ins Bewusstsein bringen. Besonders bewährt haben sich zur Recherche von Namen und Kontakten auch alte Jahrgangsbücher oder Klassenverzeichnisse, ebenso Kontaktnetzwerke (zum Beispiel Stay-Friends, Studi-VZ, Xing, Lokalisten, Facebook, MySpace) im Internet. Seien Sie bitte, wie schon gesagt, bei dieser Tätigkeit vorbehaltlos. Es spielt fürs Erste keine Rolle, wie lange Sie einige dieser Kontakte nicht mehr gesehen haben und ob eine intensive oder weniger intensive Verbindung besteht. Denken Sie daran, dass man alte Verbindungen oder Bekanntschaften zu gegebener Zeit auch wiederbeleben und auffrischen kann.

Qualifizieren Sie Ihre Liste!

Durch das Qualifizieren Ihrer Liste gewinnt diese an Wert, denn je mehr Informationen Sie über Ihr Kontaktnetzwerk haben, desto professioneller können Sie damit arbeiten und Strategien zur Kontaktaufnahme entwickeln. Es ist nämlich sehr wichtig, zu wissen, welche Informationen Sie zu welcher Zeit in welches Ohr transportieren.

Und das sind die einzelnen Schritte, wie Sie vorgehen:

1) *Ergänzen Sie Nachnamen und Familienstand!*

2) *Ergänzen Sie Alter und Beruf!*

3) *Ergänzen Sie Hobbys und eventuell, woher Sie den- oder diejenige kennen!*

4) *Vervollständigen und recherchieren Sie Telefonnummern (mobil und Festnetz) und gegebenenfalls E-Mail-Adressen!*

Kategorisieren Sie Ihr Potential und legen Sie bestimmte Prioritäten fest:

1) *Wen werden Sie sofort oder später über Ihr neues berufliches Engagement informieren?*

2) *Wen werden Sie sofort oder später über die Vorteile Ihrer Produkte informieren?*

3) *Wen wollen Sie nur informieren, wen wollen Sie überzeugen?*

4) *Wer kommt grundsätzlich als Produktnutzer in Frage (Top-15-Liste erstellen)?*

5) *Wen hätten Sie gerne als zukünftigen Geschäftspartner für den Unternehmensaufbau (Top-15-Liste erstellen)?*

6) *Wer ist selbstständig, wer ist Arbeitnehmer?*

7) *Wer könnte Verbindungen zu anderen, Ihnen bisher nicht bekannten Menschen herstellen, also Sie und Ihre Dienstleistung weiterempfehlen?*

8) *Wer ist Meinungsmacher, wessen Wort zählt sehr viel?*

2BEKNOWN

Was ist zu tun?
Alle müssen es wissen!

Die wichtigste Aufgabe eines jeden Networkeinsteigers ist relativ einfach zu erklären. Sie lautet:

Erzähle jeden Tag mindestens drei Menschen deine Geschichte.

Wenn drei aus irgendwelchen Gründen nicht möglich sein sollten, dann erzähl sie zwei Menschen. Wenn zwei auch nicht gehen, dann erzähle sie einem.

Aber dieser eine, der ist Pflicht!

Es geht am Anfang darum, in möglichst kurzer Zeit und, wenn machbar, mit Hilfe des Sponsors oder einer erfahrenen Führungskraft, alle Menschen im persönlichen Umfeld – das sind insbesondere Familie, Freunde und gute Bekannte – über das neue berufliche Engagement zu informieren.

Dies sollte im Idealfall in einem persönlichen Gespräch geschehen, bei dem es die Möglichkeit gibt, in Ruhe über Firma, Produkte, geschäftliche Perspektiven und Ihr unternehmerisches Engagement zu reden. Das Wichtigste ist hierbei, dass sich beide Seiten für dieses Gespräch Zeit nehmen – und zwar ausreichend Zeit. Das kann für die Präsentation eines

Nahrungsergänzungsproduktes zum Beispiel eine halbe Stunde sein, für das erklärungsintensivere Produkt eines Finanzdienstleisters muss man möglicherweise eineinhalb Stunden vorsehen. Entscheidend ist, dass Sie die Chance bekommen, Ihre PS und Ihr Know-how auf die Straße oder an den Mann beziehungsweise die Frau zu bringen, das heißt, Sie und Ihr Gesprächspartner müssen mit allen Sinnen präsent sein, denn es gibt nichts Schlimmeres, als auf dem Höhepunkt des Gespräches vom Gegenüber mit den Worten: „Du, ich muss dann gleich zur Arbeit!" oder „Ich muss jetzt die Kinder von der Schule abholen" unterbrochen zu werden. Es muss die Möglichkeit geben, Produkte zu testen, Flyer und Prospekte gemeinsam zu studieren, Fragen zu stellen und möglicherweise auch Bedenken oder Vorbehalte zu besprechen. Übrigens sind Bedenken und Vorbehalte vollkommen in Ordnung! Deshalb sollten Sie sich damit beschäftigen, wie Sie auf so etwas reagieren und damit umgehen. Ich muss immer etwas schmunzeln, wenn Networker vollkommen verständnislos darüber berichten, wie skeptisch manche Menschen sind, und so gar nicht mit dieser Reaktion umgehen können. Meist sind das dann genau die Kollegen, die selbst sehr lange Zeit gebraucht haben, um sich überzeugen zu lassen, die selbst die größten Skeptiker waren! Ich sage dann immer: „Mensch, denkt doch mal an euch selber zurück!"

Ungünstig, um sein Geschäft oder Produkt zu

2BEKNOWN

präsentieren, sind Gespräche „zwischen Tür und Angel ", so nach den Motto: „Ich hab da was Tolles ... " Die Antwort ist dann meist, und zwar ohne dass man Gelegenheit hatte, die Sache richtig zu besprechen: „Ach ja, das kenne ich schon. Lalalalalala ..." Es ist in diesem Falle besser, gar kein Gespräch zu führen, als in einer „halbseidenen" Unterhaltung nur oberflächliche Informationen zu transportieren. Es könnte gut möglich sein, dass Sie aufgrund solcher *„Wischiwaschigespräche"* potentielle Kunden, Produktkonsumenten oder Geschäftspartner verlieren und, was noch viel schlimmer ist, dass Sie keine zweite Chance auf ein konstruktives Gespräch bekommen.

Manchmal passiert es auch, dass man als Networkeinsteiger beispielsweise auf einer Party von einem Bekannten angesprochen wird, der schon über andere Kanäle von Ihrem neuen Engagement erfahren hat. So nach dem Motto: „Hey, ich habe gehört, du machst da jetzt was Neues, um was geht es denn da?" Wenn Sie in dieser Situation versuchen, kompetent Rede und Antwort zu stehen, haben Sie nach meiner Erfahrung schon verloren, denn eine Party ist nicht unbedingt der geeignete Ort, um detailliert über Ihre Produkte oder berufliche Neuorientierung zu sprechen. Partys oder andere Veranstaltungen dieser Art sind in der Regel geprägt von vielen Störfaktoren, etwa einem hohen Geräuschpegel, so lässt es sich auch nicht entspannt und unbefangen über das neue berufliche Engagement reden.

Eine sehr gute Strategie, die auch viele Profis in dieser Situation anwenden, ist die, den Fragenden im wahrsten Sinne des Wortes beim Wort zu nehmen und mit der Gegenfrage zu antworten: „Du, sag mal, interessiert es dich wirklich, was ich mache?" Meist kommt dann ein „Natürlich, es interessiert mich sehr ... erzähl mal!" – und genau in diesem Moment haben Sie schon gewonnen. Sagen Sie einfach: „Weißt du, lass uns heute einfach etwas trinken und über was anderes reden. Wir sind zum Feiern hier und um uns ein bisschen zu entspannen. Ich ruf dich morgen in Ruhe an, da können wir einen Termin ausmachen, bei dem ich dir alles ausführlich erkläre. Deine Meinung würde mich echt interessieren!" Nur so haben Sie in diesem Falle die Möglichkeit, auch wirklich zum Zug zu kommen: mit einem konkreten Gesprächstermin.

Die Motivation, auch wirklich alle Menschen aus Ihrem persönlichen Umfeld zu informieren, sollten Sie aus einer tiefen Identifikation mit dem, was Sie tun, und ehrlicher Begeisterung für Ihre Produkte schöpfen. Frei nach dem Motto:

Du bist nicht der Freund deines Freundes, wenn du ihm das Gute, das du hast, nicht gibst!

ist es sogar Ihre Pflicht, auch wirklich alle zu informieren. Stellen Sie sich bitte das folgende Szenario vor: Jemand, der zum Beispiel schwer krank oder in einer finanziell schwierigen Situation ist, erfährt nach einem halben Jahr, was Sie tun, kommt zu Ihnen und sagt: „Mensch, da hättest du mich auch eher aufklären können. Du hast das entsprechende Wissen, die Produkte oder Geschäftsmöglichkeiten, um helfen zu können, und hast es nicht getan!"

Ich kenne sogar Beispiele von Finanzdienstleistern, die Familienangehörige nicht über die Wichtigkeit einer Berufsunfähigkeitsversicherung aufklärten. Nur dumm, wenn eine Berufsunfähigkeit dann tatsächlich eintrat. In der Tat sind das keine schönen Situationen, doch in der Praxis kommt so etwas leider immer noch sehr oft vor.

Ich gehe davon aus, dass Ihnen das nicht passieren wird, denn Sie werden Ihren Job sicherlich vorbildlich erledigen. Denken Sie immer daran:

Ihr Job ist, die Informationen weiterzugeben und aufzuklären. Was die Menschen aus den Informationen machen, bleibt immer noch deren Sache.

Das Allerwichtigste ist jedoch, dass im „Falle X" keiner behaupten kann, Sie hätten ihn nicht angesprochen und aufgeklärt. Noch mal! Was die Leute aus den Informationen machen, liegt immer noch in deren Händen. Bitte treffen Sie nicht schon vorab die Entscheidung für die Menschen, sondern lassen Sie diese selbst entscheiden!

Die Fähigkeit, Entscheidungen nicht schon vorab für andere zu treffen, ist übrigens die größte Kunst und Herausforderung im MLM. Sie wird in jedem Falle ausschlaggebend dafür sein, ob Sie schnell in Ihrem neuen Business vorankommen oder nicht. Jeder, aber wirklich ausnahmslos jeder sollte von Ihrem Engagement erfahren, und zwar von Ihnen persönlich, nicht über die „Flüsterpost" oder andere Umwege, und auch nicht erst, wenn Sie das Geschäft schon ewig betreiben.

Es gibt Networker, die informieren die wichtigsten Menschen aus ihrem persönlichen Umfeld innerhalb von vier Wochen über den neuen Berufsweg und die Vorteile oder den Nutzen der entsprechenden Produkte, andere brauchen dafür ein ganzes Jahr, und wieder andere haben noch nicht mal nach drei Jahren die *„Katze aus dem Sack"* gelassen und sitzen immer noch im *„Wartesaal der Hoffnung".* Das ist fatal und zeugt nicht gerade davon, dass Sie zu dem stehen, was Sie tun. Denken Sie immer daran: Sie werden beobachtet, und die Menschen bilden sich eine Meinung über Sie. Stellen Sie sich bitte selbst die Frage, als WER oder WAS Sie von Ihrem Umfeld wahrgenommen werden wollen.

Fakt ist, dass Sie früher oder später sowieso „Farbe bekennen" müssen, und jetzt liegt es an Ihnen, zu entscheiden, ob Sie diesen Job gleich am Anfang innerhalb eines kurzen Zeitraums erledigen oder tröpfchenweise auf drei Jahre verteilen. Sie merken bestimmt den

2BEKNOWN

leichten Anflug von Sarkasmus in meinen Worten. Meine persönliche Meinung ist die, das Ganze sollte in ein paar Wochen erledigt sein, alles andere ist Zeitverschwendung. In drei Jahren, so habe ich mir sagen lassen, hat so manch erfolgreicher Kollege oder Kollegin schon den Zielpunkt seines Karriereplanes erreicht. Und warum sollten Sie nicht auch zu dieser erfolgreichen Gruppe von Menschen gehören?

Die Bedingung dafür ist: „Klotzen" und nicht „kleckern"!

Verkauf als sichere Basis

Verkauf! Verkauf! Immer und überall begegnet uns dieses Mysterium. Leider Gottes ruft das Thema bei einigen Menschen immer noch negative Assoziationen hervor. Dabei ist ein guter Verkauf das Edelste, was es gibt auf der Welt! Wir leben im 21. Jahrhundert. Verkäufer sind die Motoren der Wirtschaft! Verkauf heißt, Waren zu bewegen, Menschen zu begeistern, Nutzen zu stiften, Probleme zu lösen, und vor allem: Menschen zu überzeugen und zu Neuem zu inspirieren.

Sagen Sie jetzt bitte nicht, Sie sind kein Verkäufer, denn Sie würden genau in diesem Moment anfangen, mir zu verkaufen, dass Sie kein Verkäufer sind.

Das klingt komisch, sagen Sie. Ich sage Ihnen, das ist es auch, denn die meisten Menschen sagen von sich, sie wären nicht für den Verkauf geeignet. Doch damit nicht genug, denn genau diese Menschen laufen zur Hochform auf, wenn man ihnen erklärt, dass Verkauf erlernbar ist, und versuchen ihre Meinung durchzusetzen.
Da wird argumentiert, dass sie nicht die Richtigen dafür sind, dass sie nicht gut reden können, dass Verkauf großes Talent voraussetzt und dass man zum Verkäufer geboren sein müsste …!
Meistens passiert dann etwas Erstaunliches,

Hochinteressantes. Je mehr man diesen Menschen erklärt, dass Verkauf erlernbar ist und dass es gar nicht schwierig sei, durchschnittliche Erfolge zu erzielen, desto intensiver gehen die Angesprochenen in eine gegenteilige Haltung zu diesem Thema und „verkaufen" einem praktisch das Gegenteil.

Die meisten entwickeln sogar schon eine recht gute Argumentation, eine eloquente Einwandbehandlung, und sind in ihrer Gesprächsführung ausgesprochen bestimmt.

Ich sage in solchen Momenten recht gerne meine Meinung, und die lautet: Schade eigentlich! Denn wenn der- oder diejenige mit dieser Intensität und Überzeugungskraft schon die ersten Produkte angepriesen hätte, so wären mit großer Sicherheit auch bereits die ersten Umsätze getätigt.

Leider wird, wie in diesem Falle, allzu oft Energie für die falschen Ziele verschwendet.

Ich rufe Ihnen aus vollem Herzen zu:

Verkauf ist die Basis für alles, was kommt! Wer das Verkaufen beherrscht, dem stehen in der freien Wirtschaft alle Türen offen, und gerade im Network-Marketing ist es die Basis für den Aufbau gut funktionierender Downlines, die Arbeit als guter Coach und später einmal als Führungskraft.

Die Erklärung dafür ist auch hier ganz einfach. Zuerst benötigen Sie die verkäuferischen Fähigkeiten, um Ihre eigenen Produkte abzusetzen, und mittelfristig dafür, um neue Downlinepartner bei deren ersten Produkt-präsentationen oder Verkaufsgesprächen zu unterstüt-zen. Sie sind im zweiten Schritt also nicht mehr selbst im Eigenverkauf, sondern in der Betreuung und Beglei-tung von Verkäufern oder Distributoren tätig.

Die dritte Stufe, mit der Sie sich beschäftigen wer-den, ist das Thema Schulung von Verkaufs-Know-how. Wenn Ihre Gruppe die entsprechende Größe hat, liegt es nun an Ihnen, Ihr Saleswissen in Form von Ausbil-dung, Meetings und Praxisworkshops an Ihre Down-linepartner weiterzugeben. Auch hier wird man die Erfolge Ihrer Gruppe daran messen können, wie Sie selbst zu diesem Thema stehen.

Meine Beobachtungen in der Praxis haben gezeigt, dass Gruppen, die von Vollblutverkäufern geführt wer-den, die sich mit ihrer Sache ganz identifizieren, in der Regel auch bessere Umsätze und Verkaufsergebnisse haben als Gruppen, in denen das Verkaufen als not-wendiges Übel angesehen wird.

Bitte seien Sie sich dessen bewusst, dass es von Anbeginn an wichtig ist, die richtige Einstellung zum Thema „Verkauf" und entsprechende Fähigkeiten auf diesem Gebiet zu entwickeln.

2BEKNOWN

Denn so wie der Kopf denkt, so wackelt der Schwanz.

Später einmal werden Sie nur noch Ihre Geschäftsidee, Ihre Art zu leben, neue Trends in der Branche oder die Visionen Ihres eigenen Unternehmens verkaufen. Aber auch hierfür wird wichtig sein, ob Sie Ihr Handwerkszeug beherrschen.

Ohne im Detail darauf einzugehen, möchte ich Ihnen nachfolgend die sechs wichtigsten Dinge darlegen, die ein guter Verkäufer beherrschen muss.

1) **Ein Aufwärmgespräch führen und eine positive zwischenmenschliche Beziehung aufbauen.** Vergessen Sie nie: Menschen entscheiden laut wissenschaftlichen Erkenntnissen zu einem sehr hohen Prozentsatz aufgrund des „Bauchgefühls". Die emotionale Komponente entscheidet zu circa 80 Prozent über den Erfolg, die Zahlen, Daten und Fakten zu lediglich circa 20 Prozent. Dieses Verhältnis schwankt zwar bei unterschiedlichen Persönlichkeitstypen, stimmt aber in der Tendenz immer. Die Devise lautet hier: **„Positive Stimmung und Emotionen schlagen fast alle Fakten!"**

2) **Gesprächsführung durch Fragetechnik und aktives Hinhören, um Motive und Ziele des**

potentiellen Kunden oder Geschäftspartners herauszufinden. Die Kunst liegt darin, zu lernen, nicht selbst viel zu erzählen, sondern möglichst viele Informationen vom anderen Menschen zu bekommen. Ein erfolgreicher Kollege pflegte deshalb immer zu mir zu sagen: **„Wir sollen selbst wenig reden, aber viel und aktiv hinhören. Genau deshalb hat uns der liebe Gott nur einen Mund gegeben, aber zwei Ohren!"**

3) **Storytelling (Geschichten erzählen), Einbau von Testamonials (Beispielen), bildliche Sprache in Form von Metaphern.** Hierbei handelt es sich um schöne Instrumente, um Gespräche mit Leben zu füllen und emotional positiv aufzuladen. Oft hat es sich in der Praxis bewährt, von „dritten" Personen zu sprechen, die beispielsweise auch Produktnutzer sind oder bestimmte Erfahrungen gemacht haben.

4) **Vorabschlussfragen im Kundengespräch stellen.** Sie sind sozusagen als Zwischencheck oder als Kompass zu verstehen, um genau herauszufinden, ob Ihnen Ihr Gesprächspartner folgt (ob er bei der Sache ist), ob Klarheit im Gespräch herrscht und Interesse an Ihren Informationen oder Produkten besteht. Wer Vorabschlüsse in sein Gespräch einbaut, hat die Möglichkeit, schon frühzeitig auf

2BEKNOWN

Unstimmigkeiten oder Argumente zu reagieren. Viele Networker führen stundenlange Gespräche und müssen am Ende doch mit einem Nein leben. Die meisten wissen allerdings nicht, woran es nun gelegen hat, müssen sich mit fadenscheinigen Ausreden zufriedengeben und stehen mehr oder weniger vor vollendeten Tatsachen. Oft sind diese Ausreden aber nur die „schönen Gründe", die wahren Gründe für ein Nein sind meistens ganz andere. Ein Nein am Ende des Gespräches wegzuargumentieren, ist oft schwierig, wenn nicht gar unmöglich. Meist ist die Entscheidung definitiv gefallen. Außerdem erzeugt man durch intensive Überzeugungsarbeit am Ende eines Gespräches schlechte Stimmung, denn Druck erzeugt immer Gegendruck. Deshalb checken Sie schon mehrmals während des Gespräches mit Vorabschluss- und Feedbackfragen ab, inwieweit Ihr Angebot in Betracht kommt oder wo Ihren Gesprächspartner möglicherweise „der Schuh drückt". Sie wissen doch: **Es ist besser, eine Krankheit während der Entstehung zu erkennen, denn nur dann hat man auch die Möglichkeit, sie erfolgreich zu behandeln.**

5) **Einwandbehandlung und Argumentation.** Das sollten Sie unbedingt können, denn ich persönlich habe nicht ein einziges Gespräch geführt, in dem

es keine Einwände gegeben hätte. Das Schöne an Ein- oder Vorwänden ist: Sie sind in 90 Prozent aller Fälle immer gleich, und zwar schon seit Jahrhunderten. Egal welches Produkt Sie empfehlen oder verkaufen. Bitte erwarten Sie nicht, dass Ihnen die ganze Welt um den Hals fällt, bloß weil Sie gerade etwas „Tolles" kennengelernt haben. Grundsätzlich sollten Sie an dieser Stelle schon mal wissen, dass es eine gute Strategie ist, den Gesprächspartner für seine Einwände zu loben und ihm in erster Instanz zunächst einmal recht zu geben. Das nennt man Identifikation, und Identifikation mit dem Gesprächspartner hält die positive Stimmung oben. Wenn Sie das getan haben, können Sie beispielsweise durch Fragetechnik den Einwänden auf den Grund gehen und diese im Nachgang positiv behandeln. Die geläufigsten Einwände, mit denen Sie rechnen dürfen, sind die im Folgenden aufgezählten. Prägen Sie sie sich gut ein, denn viel mehr werden es nicht!

- *Kein Geld*
- *Keine Zeit*
- *Kein Interesse*
- *Muss noch überlegen/vergleichen*
- *Willst du mir was verkaufen?*
- *Kenne ich schon*
- *Geht es da um ein Schneeballsystem?*

2BEKNOWN

6) ***Abschlussfrage und Close.*** Es ist doch Ihr gutes Recht, nach einer Präsentation oder Beratung zu erfahren, ob und ab wann Ihr Gesprächspartner die Produkte nutzen oder die Geschäftsgelegenheit ergreifen möchte. Es ist nichts unbefriedigender, als sich aus einem Gespräch zu verabschieden, ohne zu wissen, was Sache ist. Das war es zumindest immer für mich. Der Klassiker der Abschlussfragen ist mit Sicherheit die Alternativfrage, die jedem von uns aus der Gastronomie bekannt sein sollte. Dort wird nach dem Essen nicht gefragt: „Wollen Sie noch was trinken?", sondern: „Was möchten Sie noch trinken, einen Espresso oder einen Cappuccino?" Man bekommt hier also zwei mögliche Alternativen angeboten.

Manchen ist wohl eher noch die Formel: „Gehen wir jetzt besser zu dir oder zu mir?" bekannt, das läuft aber, denke ich, auf das Gleiche hinaus! Bieten Sie also in Zukunft auch immer zwei Wahlmöglichkeiten an. Diese könnten zum Beispiel sein: „Möchtest du jetzt eher mit dem Einsteigerpaket starten oder möchtest du gleich Premiumkunde werden?" Oder: „Ab wann möchtest du denn nebenberuflich Geld verdienen, ab nächsten Monat oder schon ab sofort?"

Alle diese Punkte gehören sozusagen zum *„Ur-schleim"* und sind das *kleine Einmaleins* des Verkaufs. Hierbei geht es noch nicht um etwas Außergewöhnliches oder Kompliziertes, sondern nur um Dinge, die definitiv von jedem erlernbar sind!

Aufbauend auf diesen Basistools, empfehle ich Ihnen, sich mit Themen wie der Neurolinguistischen Programmierung (NLP), der Körpersprache und den Persönlichkeits- und Reaktionsmustern von Menschen zu beschäftigen. Ich möchte an dieser Stelle sogar noch einen Schritt weiter gehen und Sie dazu ermutigen, dass Sie sich alles *„reinziehen",* was Sie zum Thema Verkauf finden können. Es macht riesigen Spaß, ist hochinteressant und hat definitiv noch keinem geschadet, auch keinem Networker!

Handwerkszeug

Stellen Sie sich an diesem Punkt bitte einmal irgendeinen Handwerksberuf vor, der Ihnen gerade einfällt. Etwa den Beruf einer Friseurin. Zu deren Handwerkszeug gehört es, Haare zu waschen, zu schneiden, zu färben und zu fönen. Der Bäcker backt Brötchen, Brot, Kuchen, mischt Teig und heizt den Backofen. Wie wir alle wissen, sind die jeweiligen Arbeiten unerlässlich, um diese Berufe auszuüben, und vor allem sind sie meist absolut standardisiert und laufen sozusagen vollautomatisch ab, ganz ohne Anstrengung. Man könnte auch sagen, dass diese Tätigkeiten den Handwerkern in Fleisch und Blut übergegangen sind und zur täglichen Routine dieser Berufsgruppen gehören.

Genau solche Tätigkeiten und Routinen, wir können sie auch als Handwerkszeug beschreiben, gibt es für den Beruf des Networkers.

Sie müssen am Anfang nichts Außergewöhnliches können, das Gewöhnliche jedoch außergewöhnlich gut.

Zu diesen einfachen Dingen, die Sie außergewöhnlich gut können sollten, gehört auf alle Fälle ein standardisiertes Kundengespräch beziehungsweise ein Gespräch zur Präsentation Ihres Produktes. Genau dieses Werkzeug gehört zur absoluten Basisausstattung eines jeden Networkers. Wer es nicht hat oder kann, ist wie der Maurer, der ohne Maurerkelle zur Arbeit geht.

Die meisten Neueinsteiger im Network kaufen ihre Starter-Kits und labern dann unqualifiziert und konzeptionslos ein paar Leute voll, das ist die gängige Praxis. Ich persönlich mache mir gerne mal den Spaß, gerade neue Networker bezüglich ihrer Gesprächssicherheit und Produktkenntnisse auf Herz und Nieren zu testen, und kann nur sagen: Neun von zehn fallen einfach durch und bestehen diesen Test nicht. Die Ergebnisse sind einfach ernüchternd. Um es ganz brutal zu sagen, ich treffe nicht selten auf „arme Irre", die keine Ahnung von nichts haben. Genau diese Zeitgenossen, meist hoch motiviert, verbreiten oft gefährliches Halbwissen in einer Art und Weise, dass die Menschen im persönlichen Umfeld manchmal gar nicht anders können, als etwas genervt zu reagieren.

Sicher mache ich mich gerade in diesem Moment etwas unbeliebt bei einigen Lesern, aber bitte gehen Sie davon aus, ich meine es nur gut. Gewiss könnte ich Ihnen jetzt auch nette Dinge erzählen, die Sie keinen Schritt weiter bringen. Aber ich habe mich für offene Worte und harte Tatsachen entschieden. Sie sind in diesem Falle zwar sogar sehr hart, geben Ihnen aber zumindest die Chance, es besser zu machen!

Bitte führen Sie sich eines vor Augen: Die Menschen aus Familie und näherem Umfeld haben ein Recht auf ein qualitativ hochwertiges Informationsgespräch und erwarten auch genau das. Und ebendiese Menschen sind es, die Sie und Ihr Geschäft auch weiterempfehlen werden – vorausgesetzt, Ihr Produkt und die Qualität Ihrer Information sind gut.

Übrigens werden Sie auch „weiterempfohlen", wenn die Qualität des Gespräches schlecht war. Auf solche „Weiterempfehlungen" stößt man dann meistens in Internetforen, Blogs oder diversen anderen Medien, aber sie sind dann eher Warnungen für andere. Leider!

Ich rufe Ihnen deshalb zu:

Das muss nicht sein! Setzen Sie für sich persönlich neue Maßstäbe in Bezug auf Qualität und lernen Sie ihr Kundengespräch!

Wie das bei mir ging und welchen Anspruch ich dabei habe, werde ich in den nachfolgenden Zeilen schildern. Ob Sie auf einem ähnlichen, vielleicht sogar höheren Niveau arbeiten wollen, entscheiden Sie bitte selbst.

Mein erstes Kundengespräch, das ich lernen musste, bestand aus zwei Blättern Papier. Zwei Blätter Papier, auf denen innerhalb circa einer Stunde Schritt für Schritt die einzelnen Produktdetails erklärt und aufgezeichnet wurden. ***(Aufzeichnen hat übrigens etwas Magisches, denn ein Bild oder eine Skizze ersetzen tausend Worte. Viele Networker reden***

dagegen einfach nur drauflos.) Vorher wurde natürlich eine kleine Bedarfsanalyse gemacht. Das war alles standardisiert und zum Lernen auf fünf DIN-A4-Seiten niedergeschrieben.

Als ich den Auftrag bekam, dieses Kundengespräch zu lernen, hatte ich noch nicht die geringste Ahnung, welche Dimension Lernen haben kann!

Natürlich hatte ich mir den Text durchgelesen und dachte, ich könnte schon alles, doch an dem Punkt, wo ich Schluss machte mit dem Lernen, ging der Spaß erst einmal richtig los.

Ich erhielt folgenden Auftrag von meinem Coach:

1) *Kundengespräch zehnmal aufzeichnen (kommentarlos).*

2) *Kundengespräch nochmals 20-mal aufzeichnen (kommentarlos).*

3) *Kundengespräch laut vorlesen und auf ein Diktiergerät sprechen.*

4) *Kundengespräch fünfmal mit meinem Coach trainieren, noch ohne Gegenargumente und Einwände (interaktiv und live).*

5) *Kundengespräch fünfmal mit einem Coach*

*trainieren, jetzt mit Gegenargumenten und Ein-
wänden (interaktiv und live).*

6) *Kundengespräch zweimal mit einem anderen Kollegen trainieren (inklusive aller dummen Fragen
und Gegenargumente, die in einem Gespräch
überhaupt auftreten können).*

Nicht dass das etwas Besonderes gewesen wäre,
aber das Ganze fand innerhalb von lediglich zwei Tagen
statt. Ich weiß ganz genau, hier trennt sich die Spreu
vom Weizen. Ich persönlich wollte damals keine Zeit
verlieren.

Ich war jung und brauchte das Geld!

Ja, Sie haben recht, wenn Sie sagen, das ist ja alles
auswendig gelernt. Aber genau da liegt der springende
Punkt.

**Ich konnte dieses Kundengespräch schon nach
zwei Tagen auswendig aufsagen, ich konnte es sin-
gen, ich habe es auch nachts mit 2,5 Promille noch
beherrscht, und – ich beherrsche es auch heute
noch. Das ist für die Ewigkeit auf meiner Festplatte
gespeichert!**

Früher habe ich in der Schule Gedichte mit zehn und

mehr Strophen auswendig gelernt, Integralrechnung und Periodensystem gebüffelt. Ich weiß, Ihnen ging es genauso. Und was hat es uns gebracht? Wir haben es einfach getan, weil es von uns gefordert wurde. Damals ging es nicht um Geld oder Karriere. Im Übrigen habe ich in den letzten 20 Jahren weder ein Gedicht aufsagen (außer zu Weihnachten), ein Integral herleiten oder mit dem Periodensystem der Elemente arbeiten müssen, mein Kundengespräch habe ich allerdings mehrere hundert Mal gebraucht und auch ganz gutes Geld damit verdient.

Glauben Sie mir, es wird sich auch für Sie rechnen, Ihr persönliches Kundengespräch perfekt zu beherrschen. Manche Networker können ihr Kundengespräch noch nach Jahren nicht und treten auf der Stelle.

Ich habe mich bereits ab der zweiten Woche meiner Networkerkarriere darum gekümmert, meine Kommunikation zu optimieren, Argumentation und Einwandbehandlung zu trainieren, Körpersprache zu deuten und eine Abschlusstechnik, auch Close genannt, ins Gespräch einzubauen. Das sind Dinge, die in hohem Maße über Erfolg oder Erfolglosigkeit in einem Kundengespräch entscheiden, das sind absolute ***BASICS!***

Weiteres Handwerkszeug, das für Ihre Arbeit in Zukunft unerlässlich ist:

1) *Der Leitfaden zur telefonischen Terminvereinbarung*

2) *Das Empfehlungsgespräch (wenn er/sie nicht Kunde oder Partner wird, wer kann es dann werden?)*

3) *Ein Sponsor-, Rekrutierungs- oder Einstellungsgespräch*

Gehen Sie bitte auch beim Training dieser Gespräche mit derselben Intensität und Akribie vor wie beim Erlernen des Kundengespräches, denn sie sind mindestens genauso wichtig.

Wie Sie wahrscheinlich bereits bemerkt haben, ist das als Handwerkszeug zu Lernende im Gegensatz zu anderen Berufsbildern wirklich nicht viel, und das Tolle daran ist, diese Gespräche bleiben meistens gleich und ändern sich nicht. Ein guter Grund also, sich diese Handwerkszeuge gleich zu Beginn Ihrer Karriere perfekt anzueignen, denn, Sie erinnern sich bestimmt:

Sie müssen nichts Außergewöhnliches können, das Gewöhnliche jedoch außergewöhnlich gut!

Täglicher Kontakt!

Haben Sie schon einmal etwas von Menschen gehört, die mit ihren „Chefs" am Wochenende Ausflüge machen, zum Wandern gehen oder gemeinsame Grillpartys veranstalten? Von „Chefs", die die Familien Ihrer Geschäftspartner zu sich nach Hause einladen, auch gemeinsam Urlaub machen, und die die Angehörigen ihrer Firma zu guter Letzt selbst als große „Familie" bezeichnen. Menschen, die von „meinem Förderer" oder „meinem Coach" sprechen und damit denjenigen meinen, der sie „eingestellt" hat. Ja, Firmen, in denen der „Chef" das größte Interesse daran hat, dass sein „Mitarbeiter" einmal besser wird als er selbst, und wo der „Chef" 24 Stunden am Tag und sieben Tage in der Woche erreichbar ist, um seinem neuen Schützling mit Rat und Tat zur Seite zu stehen. Wo aus Fremden Bekannte werden, aus Bekannten Freunde und aus Freunden Geschäftspartner, die unter guten Bedingungen möglicherweise lebenslang an- und voneinander partizipieren. Wo gibt es denn so etwas?

Zugegebenermaßen hatte ich bis zu meinem eigenen Sponsorgespräch davon auch noch nichts gehört, und ich war in der Tat schon etwas verwundert über eine solche Firmenkultur, denn bis dato kannte auch ich nur das Gegenteil. Mir war auch nicht klar, warum es so etwas gibt, und ich hielt das Ganze sogar für „Schönrederei".

Bis zu dem Tag, an dem ich die wahre Natur von MLM erklärt bekam, an dem ich erfuhr, dass MLM die schönste Form ist, Beruf und Leben miteinander zu kombinieren, und dass im MLM der Mensch im Mittelpunkt steht. Zum ersten Mal hörte ich aus dem Mund eines hoch erfolgreichen Mannes den Satz:

Erst stimmt die Chemie zwischen den Menschen, und dann stimmen auch irgendwann die geschäftlichen Zahlen.

Die Quintessenz aus dieser Aussage ist: Es gibt eine sehr wichtige Verbindung im Leben eines Networkers, vielleicht sogar die wichtigste, nämlich die gute Verbindung zwischen ihm und seinem Sponsor! Wer das erkennt und diese Verbindung pflegt, der hat im MLM schon fast gewonnen.

Die ersten sechs Monate im Network sind in der Tat sehr magisch, ereignisreich und überaus wichtig. In dieser Zeit legen Sie den Grundstein für Ihren zukünftigen Erfolg. Deshalb ist es zwingend wichtig, gerade in dieser Zeit nichts, aber auch gar nichts dem Zufall zu überlassen. Sie sollten sehr intelligent vorgehen und sich ein exzellentes, kooperatives und vor allem produktives Verhältnis zu Ihrer Upline oder Führungskraft aufbauen. Ihre Upline wird gerade in dieser Zeit für Sie alles sein. Mentor, Coach, Ausbilder, aktiver Freund und Wegbegleiter.

Das Entscheidende an dieser Beziehung ist, dass Ihre Upline in der Regel einen Erfolgs- und Wissensvorsprung hat, der für Ihre persönliche Einarbeitung und Ihre ersten Schritte sehr wichtig ist. Hier gilt das uralte Prinzip **Wissensschuld ist Holschuld,** und jetzt liegt es an Ihnen, wie viel von diesem Wissen Sie im positiven Sinne aus Ihrer Upline „herausholen" können.

Wie das funktioniert, wollen Sie wissen? Durch den **TÄGLICHEN KONTAKT.**

Die Magie des täglichen Kontaktes zwischen Ihnen und Ihrer Upline besteht im Grunde darin, miteinander zu kommunizieren, Erfolgsstrategien und Visionen zu entwickeln, gemeinsam zu planen, Ziele zu visualisieren, Ergebnisse zu besprechen, Niederlagen zu analysieren und Freude miteinander zu teilen.

Diese Bande zwischen Ihnen und Ihrem Förderer sollten im positiven Sinne sehr intensiv, wenn nicht sogar unzerstörbar sein und bedürfen einer ständigen Entwicklung, ähnlich wie in einer Ehe! Eine gute menschliche und emotionale Verbindung derer, die in einem MLM arbeiten, ist aus meiner Sicht die Grundlage für eine langfristig erfolgreiche Zusammenarbeit. Ich persönlich habe mit meinen Partnern im Vertrieb immer nach der Devise gearbeitet: „Erst stimmt die Chemie, dann die Zahlen." Das hat auch immer dazu geführt, dass in unseren Teams ein sehr gutes Geschäftsklima und eine absolut menschliche Arbeitsatmosphäre herrschten. Wir haben immer gesagt: ***Bei uns menschelt es sehr.***

Noch ein kleiner, aber wichtiger Tipp am Rande. Bitte erwarten Sie nicht, dass Sie von Ihrer Upline zum Erfolg getragen oder genötigt werden. Erfolg ist freiwillig, und genauso verhält es sich mit dem täglichen Kontakt. Der Impuls sollte immer von unten nach oben erfolgen, das heißt, Sie kontaktieren Ihren Mentor und nicht umgekehrt.

Das hat nichts mit Hierarchiedenken zu tun oder damit, dass Ihr Mentor keine Lust hätte, sich bei Ihnen zu melden. Aber es ist für Sie ja sehr einfach, einen Anruf am Tag zu erledigen. Für gute Führungskräfte mit mehreren Partnern wäre es logistisch schwer machbar, jeden Tag hinter zehn oder noch mehr direkten Geschäftspartnern herzutelefonieren. Deshalb erfolgt der Kontakt in einer Struktur immer von unten nach oben, denn ein Call von unten nach oben ist einfacher und geht schneller als zehn Calls von oben nach unten in die Downline.

Seien Sie sich dessen bewusst, dass Sie von Ihrer Upline auch danach beurteilt und in dem Maße gefördert werden, in dem Sie Interesse an Kontakt „nach oben" zeigen. Wenn Sie sich nicht bei Ihrer Upline melden, muss diese davon ausgehen, dass Sie an Geschäft, Führung, Motivation und persönlicher

Entwicklung desinteressiert sind. Zwangsläufig bekommen Sie dann in Bezug auf die Zusammenarbeit Priorität B oder C, und andere Partner werden intensiver unterstützt als Sie selbst! Dazu sollten Sie es gar nicht erst kommen lassen, denn das wäre doch fatal, oder?

Meeting als Lebensquell – oder auch seelische Tankstelle

Viele Neuanfänger sehen Meetings oder Schulungen leider immer noch als notwendiges Übel und nicht als gewinnbringende zeitliche Investition in die Entwicklung der eigenen Persönlichkeit und der fachlichen Kompetenz. Groß ist die Palette der Ausreden, wenn sie, vielleicht am Abend oder gar am Wochenende, entsprechende Veranstaltungen besuchen müssten. Angefangen von familiären Verpflichtungen, beruflichen Terminen, persönlichen Unpässlichkeiten bis hin zu „schwersten" Erkrankungen – die Liste der Gründe, die angeblich gegen den Besuch eines solchen Meetings sprechen, ist lang. Meistens entsprechen diese Gründe noch nicht einmal der Wahrheit, sondern sind nur vorgeschoben und haben schlichtweg etwas mit Bequemlichkeit zu tun. Gerade bei Networkern, die nebenberuflich tätig sind und noch keine wirklichen Ziele und Visionen mit ihrem neuen Job verfolgen, ist dieses Verhalten häufig zu beobachten.

Aber dieses Verhalten ist ein fataler Fehler, denn Meetings sind im MLM oder Strukturvertrieb geradezu lebenswichtig, und die Teilnahme daran ist schlichtweg eine Frage der Wertigkeit.

Doch es geht auch anders. Ich habe Kollegen und

Kolleginnen kennengelernt, die mit 40 Grad Fieber und todkrank an Meetings teilgenommen haben, Leute, die nach 14 Stunden harter Arbeit im Hauptjob trotzdem bei Schulungen anwesend waren, Menschen, die Fahrgemeinschaften bildeten und zweimal in der Woche jeweils 250 Kilometer zur Ausbildung gefahren sind, Geschäftspartner, die noch im Blaumann direkt von der Werkbank aufs Meeting kamen, und Mütter, die ihre Kinder mit auf Schulung brachten, weil sie ja nichts verpassen wollten. Und warum? Weil sie es verdammt noch mal wollten. Weil alles möglich ist, wenn man nach Möglichkeiten sucht und nicht nach Ausreden. Weil sie bereit waren, den berühmt-berüchtigten Preis für den Erfolg zu zahlen, und weil sie wussten, dass entscheiden auch gleichzeitig verzichten heißt! Wenn ich mich dafür entscheide, jeden Tag eine Sahnetorte zu essen, dann entscheide ich mich automatisch gegen eine gute Figur.

Wenn ich mich für eine feste Beziehung entscheide, so muss mir klar sein, dass ich nicht jeden Abend in einem anderen Bett verbringen kann, und wenn ich mich für ein nebenberufliches Geschäft entscheide, muss mir klar sein, dass die Abende nicht mehr der Couch, den Stammtischbrüdern oder dem Internet gehören, sondern den Terminen für Produktpräsentationen oder Sponsorgespräche.

2BEKNOWN

Am Wochenende zum Beispiel wird ein Neben-berufler zum Hauptberufler!

Das ist eine uralte Erfolgsweisheit. Denn wann sonst wollen Sie dafür sorgen, ein Zweiteinkommen auf-zubauen, das vielleicht einmal in absehbarer Zeit Ihr Ersteinkommen ablöst?

Viele Menschen erwarten so viel und sind so wenig dafür zu geben bereit. Ja, jeder möchte etwas sein, aber nur wenige wollen was werden!

Wenn es nach mir ginge, dann würde ich Meetings im Network zu Pflichtveranstaltungen deklarieren und beim Fernbleiben von Geschäftspartnern zum Wohle der Allgemeinheit ein Strafgeld erheben.

Die Erklärung dafür ist ganz einfach. Ein Meeting schweißt zusammen, erzeugt eine positive Gruppen-dynamik, man versteht sich danach als Einheit. Wer auf Meetings und Ausbildung fehlt, begeht einen fata-len Fehler. Man hat Gelegenheit, seine „Akkus" wie-deraufzuladen. In der Gemeinschaft macht Lernen und Ausbildung gleich noch viel mehr Spaß als alleine, und außerdem entsteht auch oft ein sehr positiver Spirit in der Gruppe.

Sie lernen auf Meetings immer Dinge, die Sie für Ihren zukünftigen Erfolg benötigen, und die Stimmung ist stets positiv. Neben den fachlichen Inhalten und der neuen Motivation profitieren Sie vor allem von persönlichen Gesprächen mit Kollegen, und hier sollten Sie die Strategie leben, so viel wie möglich *„mit Augen und Ohren zu mausen".* Meistens sind es kleine Tricks und Kniffe, Ideen, oder auch geheime Strategien, die Sie nur im Einzelgespräch mit erfolgreichen Kollegen erfahren können. Hier habe ich in meiner eigenen vertrieblichen Vergangenheit sehr oft 2,50 Euro für ein Bierchen oder 3,50 Euro für ein Glas Rotwein investiert, um erfolgreichere Kollegen, Referenten oder Trainer zum Reden zu bringen und an deren Erfolgswissen zu partizipieren!

Wenn Sie intelligent arbeiten, werden auch Sie dafür sorgen, dass Ihre ersten eigenen Downlinepartner immer auf Meetings und Schulungen anwesend sind. Sie werden sich später wesentlich leichter tun, als Gruppe zu wachsen, wenn Sie neue Partner von Anbeginn an in gemeinsame Meetings und Treffen integrieren, denn diese werden auch ihre neuen Partner von Beginn an mit auf solche Ausbildungsveranstaltungen bringen. Jeder gibt das weiter, was er selber gelernt hat. Ob so oder so, entscheiden Sie selbst!

Die Magie des positiven Spirits!

Wenn Sie ein Mensch sind, der sich mit „positivem Denken" beschäftigt, dann ist das absolut begrüßenswert und zugleich auch die Basis für einen erfolgreichen Start als Network-Marketing-Unternehmer.

Bei meinen Analysen zu verschiedenen Kollegen und auch Teams ist mir immer wieder eines aufgefallen. Je besser die Stimmung dieser Menschen und Gruppen war, desto besser waren auch die Geschäftsergebnisse. Sowohl beim Verkaufen und Empfehlen von Produkten als auch beim Anbau und Aufbau von neuen Geschäftspartnern.

Ich habe komplette Teams kennengelernt, die waren jung und unerfahren, hatten aber trotzdem die besten Ergebnisse. Warum?, fragen Sie sich. – Weil sie einfach unbändig gut drauf waren, weil sie die *„Tigeraugen"* hatten und weil sie durch ihr unbeschwertes und leichtfüßiges Verhalten gleichgesinnte, positive Menschen in ihren Bann gezogen haben. Rein faktisch waren die guten Ergebnisse kaum zu erklären, denn diesen Menschen haben bei weitem die fachlichen Kompetenzen gefehlt. Aber sie hatten trotzdem Erfolg.

Sie wussten zwar manchmal nicht, was sie taten, aber sie wussten, warum. Sie waren sozusagen wie die Hummeln, die sämtliche Gesetze der

Aerodynamik außer Kraft setzen. Sie wussten nicht, dass sie eigentlich gar nicht fliegen können. Sie flogen einfach!

Positive Energie und Stimmung haben etwas Magisches und sind gleichzeitig auch der Grund dafür, warum sich so viele Menschen vom Network-Marketing angezogen fühlen. Network-Marketing ist ein Magnet für Talente und ein Schmelztiegel für außergewöhnliche Persönlichkeiten. In guten MLM-Teams ist alles positiv, es gibt keine Probleme – denn es ist schlichtweg keine Zeit und kein Platz dafür da.

In einer Zeit und in einem Land, wo die erste Fremdsprache das **Jammern** ist, sollte man sich sehr gut überlegen, wo man mittel- und langfristig seine beruflichen Zelte aufschlägt. Dort, wo Angst und Probleme zu Hause sind, oder dort, wo das **Leben tobt** und der **„Bär im Kettenhemd"** tanzt!

Entscheiden Sie selbst! Bitte leisten auch Sie als Teil Ihrer neuen Firma einen Beitrag dazu, diese positive Energie zu verstärken, vielleicht sogar zu potenzieren, Problemlöser zu sein anstatt Problemwälzer, ein Mensch, der andere positiv inspiriert und der nach neuen Chancen sucht, wo andere Ausreden produzieren, einer, dessen Devise lautet: **Nicht labern, sondern machen!**

Seien Sie sich in jeder Situation bewusst, dass die

Qualität Ihrer Gedanken die Qualität Ihres Lebens bestimmt, und halten Sie stets die Stimmung oben.

Aber nun zum eigentlichen Kern der Sache. Egal wie
positiv Sie schon denken und egal in welchem Stim-
mungshoch Sie sich befinden, Sie werden auf Ihrem
Niveau wachsen. Sie werden im Network die Gelegenheit bekommen, die Fähigkeit des positiven Denkens
zu kultivieren, und auf ein noch höheres Stimmungs-
und Zufriedenheitslevel vorstoßen.

Es geht darum, das Gute noch besser zu machen. Und
denken Sie immer daran:

***Menschen, die nicht gut drauf sind, machen auch
keine guten Geschäfte!***

Die drei Phasen des Erfolgs im MLM

In diesem Kapitel möchte ich mich mit den drei Phasen oder auch Stadien Ihres zukünftigen Erfolges beschäftigen. In vielen persönlichen Gesprächen mit Networkern habe ich grundsätzlich dieselben Feedbacks zu diesem Thema erhalten. Ich möchte in den nächsten Abschnitten die Gelegenheit nutzen, sehr offen über diese Phasen zu sprechen, denn ich glaube, es ist für die meisten Menschen besser, zu wissen, was auf sie zukommt, als unvorbereitet und blauäugig in die Zukunft zu starten.

Die erste Phase, die ich mit Ihnen analysieren möchte, ist die sogenannte **AUSLACHPHASE.**
Ziemlich am Anfang ihrer neuen geschäftlichen Aktivitäten werden Networker fast ausnahmslos auf eine sehr harte und intensive Weise geprüft. Es hat den Anschein, als ob eine höhere Gewalt testen möchte, ob sie es wirklich ernst meinen oder ob sie *„Dampfplauderer"* sind, die nur mal probieren wollen.

Es ist eher die Regel als die Ausnahme, dass das persönliche Umfeld – und dazu gehören leider auch Familie, Freunde und gute Bekannte – sehr skeptisch und zurückhaltend auf die neue Tätigkeit reagiert.

Meistens gesellen sich zu kritischen Äußerungen und Bedenken noch unqualifizierte Kommentare und Ablehnung.

Man zeigt mit dem Finger auf Sie und wird mit mitleidigem Grinsen sagen:

Der / die arme Irre, jetzt haben sie ihn / sie auch erwischt, jetzt muss er / sie was verkaufen oder empfehlen und Leute ansprechen. Mal sehen, wie lange er / sie das durchhält …

Meistens werden diese Reaktionen auch noch von guten Ratschlägen begleitet wie:

Schuster, bleib bei deinem Leisten …
… Mensch, das haben schon so viele versucht und sind dabei gescheitert, tu dir das nicht an …

Oder:
So etwas hat vor zwanzig Jahren funktioniert, aber heute ist der Markt dicht.

Oder:
Wenn es so einfach wäre, würde es doch jeder machen.

Denken Sie immer daran, das ist nicht böse gemeint, denn man will Sie ja nur bewahren und beschützen! Wovor?, fragen Sie sich. – Das ist doch ganz einfach. Davor, dass Sie sich wehtun oder sich Schaden zufügen, davor, dass Sie scheitern könnten. Oder aber vielleicht auch davor, dass es Ihnen persönlich einmal besser geht als allen anderen, dass Sie vielleicht nicht mehr mit der Masse schwimmen und zu allem Ja und Amen sagen und dass Sie möglicherweise Ihr Geschäftsleben selber in die Hand nehmen und sich in Richtung Unabhängigkeit und finanzielle Freiheit bewegen, anstatt sich jeden Tag unterzuordnen, das Leben der anderen zu leben und irgendeinem Chef zu finanzieller Unabhängigkeit zu verhelfen anstatt sich selbst.

Bitte seien Sie sich bewusst, dass diese erste Phase die wichtigste Phase Ihrer Networkerkarriere ist, denn jetzt treffen Sie die Entscheidung darüber, ob Sie später die große Ernte einfahren oder ob Ihr Start in einem Network einmal unter der Rubrik: *„Ich habe es mal versucht, aber mein Umfeld wollte nicht, dass ich erfolgreich werde, da habe ich es wieder sein lassen"* verbucht wird.

Denken Sie stets daran, dass alle Bedenkenträger in Ihrem persönlichen Umfeld so lange mit ihren Aussagen und Behauptungen Recht behalten und man über Sie lachen wird, bis SIE das Gegenteil beweisen.

2BEKNOWN

Ich möchte mich an dieser Stelle wiederholen: *„Bis SIE das Gegenteil beweisen!"*

Falls Sie sich persönlich gerade in dieser interessanten Phase befinden, möchte ich Sie dazu motivieren: Genießen Sie es. Jedes Nein bringt Sie dem nächsten Ja etwas näher. Und: Je mehr die graue Masse gegen etwas ist, desto größer ist die Wahrscheinlichkeit, dass es für Sie persönlich zu einer Erfolgsgeschichte werden kann.

Bedanken Sie sich bei jedem, der über Sie lacht, eine bessere Motivation, erfolgreich zu werden, können Sie nicht bekommen.

Die zweite Phase, die Sie nach einiger Zeit durchlaufen, ist die sogenannte **NEIDPHASE.** Voraussetzung hierfür ist, dass sich Dinge in Ihrem Leben zum Positiven verändert haben. Das kann zum Beispiel sein:

- *Sie haben am Wochenende frei und schlagen sich nicht mehr die Nächte mit anderen Nebenjobs um die Ohren.*
- *Ihre Persönlichkeit hat sich positiv verändert.*
- *Sie haben neue Freunde und pflegen geschäftlichen Umgang.*
- *Sie sind zweimal im Jahr im Urlaub, nicht nur einmal.*
- *Sie können sich ein besseres Auto leisten.*

- *Sie tragen schönere Anzüge oder Kostüme.*
- *Sie ziehen in eine größere Wohnung, kaufen sich vielleicht sogar ein Haus.*
- *Sie haben mehr Zeit für Kinder und Familie.*
- *Sie bestimmen selbst, wann, wo und mit wem Sie arbeiten.*

All diese Dinge haben etwas damit zu tun, dass Sie nun „anders" geworden sind als der „Rest" oder dass sich für Sie Verbesserungen ergeben haben, was in der Regel für den „Rest" schwer zu verkraften ist. Gerade für die Menschen, die es in der ersten Phase „gut" mit Ihnen gemeint haben und die Sie vielleicht ein bisschen belächelt haben. Sind es doch genau die, die mitansehen müssen, dass sich bei Ihnen etwas zum Positiven verändert hat – es ist verständlich, dass das diesen Leuten zu schaffen macht. Es könnte sein, dass Sie nun Aussagen hören wie: **„Du bist wohl jetzt etwas Besseres?", „Du hast wohl keine Zeit mehr für deine alten Freunde?", „Ob das so mit rechten Dingen zugeht?",** oder auch: **„Das war sowieso nur Glück!"**

Sie merken wahrscheinlich, wie aus dem Auslachen langsam Neid wird und dass es einige Zeitgenossen gibt, die Ihnen den Erfolg gar nicht so recht gönnen. Sollten Sie gerade in dieser Phase stecken, möchte ich Sie auch hier von Herzen ermuntern. Machen Sie weiter, denn Sie sind auf dem richtigen Weg.

Mitleid bekommen Sie geschenkt, Neid müssen Sie sich hart erarbeiten.

Willkommen im dritten Level! Es wird sicher etwas Zeit vergehen, bis Sie hier angekommen sind, aber es lohnt sich auf alle Fälle, dieses Level zu erreichen und auch zu genießen.

Die Rede ist von der letzten Phase, der **ANERKEN-NUNGSPHASE.**

Sie werden zusätzlich zum persönlichen, geschäftlichen und finanziellen Erfolg auch die wohlwollenden Blicke der anderen erhalten. Man wird stolz sein, Sie als erfolgreichen Unternehmer zu kennen. Sie werden Aussagen hören wie: *„Das haben wir schon immer gewusst, dass du das schaffst!", „Wenn überhaupt einer, dann du!", „Du hattest ja gute Voraussetzungen, konntest schon immer gut reden, hattest viele Kontakte. Wir haben immer an dich geglaubt und wir gönnen es dir von Herzen!"* Bis hin zu: *„Du hattest schon immer gute Voraussetzungen, als Unternehmer zu arbeiten."*

Wenn Sie solche Äußerungen das erste Mal hören, können Sie davon ausgehen, dass Sie nicht nur auf dem richtigen Weg sind, sondern auch zu dem geringen Prozentsatz an Menschen gehören, die den Mut hatten, unbeirrt die eigenen Träume zu verfolgen und nicht auf das Gerede der anderen zu hören. Sie werden erkennen, dass der Erfolg ab jetzt einen weiteren Namen trägt, nämlich Ihren!

Produktfreak oder Menschenexperte / in?

Häufig treffe ich im Network auf sehr produktverliebte Kollegen, die ihr Business über die Nutzung des Produktes kennengelernt haben und sich deshalb auch auf das Genaueste damit auskennen. Das ist auch gut so.

Es ist absolut wichtig, dass Sie über Ihr Produkt besser Bescheid wissen als jeder Ihrer Gesprächspartner, nur eines ist langfristig unumgänglich: Sie sollten nicht nur über Produkte Bescheid wissen, sondern noch viel mehr über Menschen. Ich schildere Ihnen gerne an einem Beispiel, warum. Denn:

Der Köder sollte dem Fisch schmecken und nicht dem Angler.

Manchmal mache ich die Bekanntschaft von Kollegen, die mir den ganzen Tag von ihrem Produkt erzählen, um mich für die Mitarbeit in ihrem System zu gewinnen. Je mehr ich ablehne, desto intensiver reden sie auf mich ein, um mich doch noch zu überzeugen, und das hat manchmal fatale Folgen. Meine Stimmung verschlechtert sich, und das ist mit Sicherheit keine gute Grundlage für eine geschäftliche Zusammenarbeit (Sie erinnern sich bestimmt an ein vorangegangenes Kapitel: Die positiven Emotionen sind absolut schlachtentscheidend!).

Gleich einer Fliege, die immer wieder gegen eine Fensterscheibe saust, in der Hoffnung, beim einhundertsten Versuch doch durchzukommen, argumentieren sie sich bis ins Nirwana. Immer nach dem Motto: „Aber mein Produkt ist …, aber mein Produkt hat …, aber mein Produkt kann …!" Das Ende vom Lied: Die Kollegen sind auf einem vollkommen falschen Weg, die Fliege ist irgendwann tot, und das Gespräch ist beendet, bevor es richtig begonnen hat. Es gibt meistens keine zweite Chance.

Intelligente Fliegen krabbeln manchmal auch an den Rand der Scheibe, um vielleicht die kleine Öffnung im Fensterkitt zu finden und durchzuschlüpfen.

Im übertragenen Sinne bedeutet das Folgendes: Jeder Mensch hat eine kleine „Motivationsschraube", an der man drehen und ihn so begeistern kann. Diese gilt es zunächst einmal zu finden.

Ich zum Beispiel bin nicht mit irgendwelchen Produkten zu motivieren. Hätten mir all diese Leute vielleicht einmal ihr System erklärt, inklusive Vergütungsplan und Aufstiegsperspektiven, dann wären wir mit Sicherheit im Gespräch geblieben. Vielleicht bin ich ja jemand, der sich für Verdienst oder zusätzliche Ausbildung interessiert …!

So aber ist nichts anderes geblieben als schlechte Laune auf meiner und Frustration auf der anderen Seite. Genauso wie bei einem Auto, das Superbenzin benötigt, aber mit Diesel betankt wird: Es fährt einfach nicht.

Einem/er Menschenexperten/in wäre so etwas sicherlich nicht passiert, denn er hätte wahrscheinlich nicht selbst andauernd erzählt, sondern viel gefragt, mir sehr gut zugehört und versucht, meine Motivationsschraube zu finden.

Ein/e Menschenexperte/in hätte ziemlich sicher herausgefunden, dass mich Produkte, egal wie wirkungsvoll, fast gar nicht interessieren, neue Geschäftsideen, Verdienst und Aufstiegsmöglichkeiten jedoch schon.

Ich möchte mit diesem Beispiel vor allem klarmachen, wie wichtig es ist, zu lernen, **WAS** ich **WEM** erzähle. Dies kann ich nur herausfinden, wenn ich mich intensiv mit Menschen beschäftige.

Um im Network-Marketing bis an die Spitze zu gelangen, ist es also nicht notwendig, ein Produktspezialist zu sein, sondern vielmehr ein/e *„Menschenexperte/in".* Sehen Sie sich MLM-Topleader einmal genauer an. Ich persönlich habe welche kennengelernt, die wussten nicht mal mehr, welche Produkte gerade über ihre Systeme vertrieben oder empfohlen werden. Einer von diesen Kollegen hat mal zu mir gesagt:

Fachidiot schlägt Interessenten tot!

Sicher sehr krass ausgedrückt, aber es trifft den Nagel genau auf den Kopf.

74

Damit Sie sich schnell zum Menschenexperten/in entwickeln, würde ich Ihnen empfehlen, Folgendes zu beherzigen:

1) Lernen Sie die Menschen lieben, und zwar ohne Vorbehalte. Versuchen Sie nicht zu urteilen oder zu werten, denn Annahmen verändern die Wirklichkeit.

2) Ihre eigene Meinung ist unwichtig!

3) Lernen Sie, anderen möglichst viele Fragen zu stellen und gut hinzuhören. Wir alle reden viel zu viel von uns selbst und ignorieren die Meinungen der anderen allzu oft.

4) Nehmen Sie aktiv am Leben teil und lernen Sie neue Freunde zu gewinnen.

5) Alle sind gut, so wie sie sind.

6) Werden Sie ein „Menschenmagnet" und lernen Sie sich selbst wahrzunehmen. Stellen Sie sich die Frage: Ziehe ich andere Menschen an, oder stoße ich sie vielleicht sogar ab?

7) Verteilen Sie Komplimente, lernen Sie das Positive an Ihren Mitmenschen zu sehen, und konzentrieren

75

Sie sich ausschließlich darauf, nicht auf deren Schwächen oder Defizite.

8) *Werden Sie im positiven Sinne ein „Menschenfischer", halten Sie Augen und Ohren offen und nehmen mit Interesse am Leben der anderen teil!*

9) *Finden Sie heraus, was Menschen antreibt. Beschäftigen Sie sich mit Motiven, Ängsten, Sehnsüchten und Wünschen Ihrer Mitmenschen.*

10) *Lernen Sie, Menschen zusammenzubringen und ein Team zu bauen. Einzelkämpfer sind schwach und anfällig, Teams und Gemeinschaften sind unheimlich stark und können Großes bewegen.*

Alles nur ein Spiel! – Das Business aus einer anderen Sicht

An dieser Stelle ist es mir ein Bedürfnis, Ihnen die Art des Unternehmertums, mit der Sie nun zu tun haben, einmal aus einer anderen Sicht darzustellen. Einer Sicht, die mich persönlich immer wieder sehr motiviert hat. Denn manchmal neigt man dazu, sich selbst und sein Business zu ernst zu nehmen. Bitte verstehen Sie mich an dieser Stelle nicht falsch, Sie sollen Ihr Geschäft schon ernst nehmen, aber Sie sollen dabei nicht verkrampfen. Sehen Sie das Ganze doch einmal als eine Art Spiel und testen Sie, wie gut Sie wirklich sind. Sie können ja nicht von der Teppichkante fallen.

Sind Sie tatsächlich der geniale Typ oder das tolle Mädel, für den oder das Sie sich schon immer gehalten haben? Oder sind Sie nur *„Verbalerotiker"* oder *„Dampfplauderer"?* Die Arbeit im Network bietet Ihnen die absolut reale Möglichkeit, genau das rauszufinden. Sie können in der Regel risikolos und ohne großen Kapitaleinsatz Ihr unternehmerisches Potential testen. Wenn dieses doch noch nicht so stark ausgeprägt ist, wird das meist keine weitreichenden Konsequenzen haben. Dafür bekommen Sie aber die Chance, sich weiterzuentwickeln und einmal mehr aufzustehen, als Sie hingefallen sind.

Betrachten Sie doch den Erfolgsweg in Ihrem Network einmal wie das Computerspiel „Tetris". Als ich es das erste Mal in die Hände bekam, konnte ich nicht ein-mal die Tasten der Spielekonsole bedienen. Noch ehe das Spiel begonnen hatte, war ich auch schon wieder raus.

Anstatt dass ich Tetris jetzt in die Ecke legte und demo-tiviert war, entwickelte sich bei mir nun das dringende Bedürfnis weiterzukommen. Mit jedem „Game-over" wurde mein Verlangen größer, beim nächsten Mal bes-ser zu sein. Aus dem Verlangen wurde nach und nach sogar eine Sucht, und ich entwickelte Stück für Stück die Fertigkeiten und die Geduld, ins nächste Level zu kommen. Ich habe dieses Spiel hunderte Male gespielt, heute schaffe ich es bis ins letzte Level, und es ist für mich nicht mehr nachvollziehbar, dass ich das irgendwann einmal nicht geschafft habe.

Ich gehe davon aus, dass auch Sie Tetris oder ähnliche Spiele kennen, und fordere Sie auf, im geschäftlichen Bereich unermüdlich nach dem „nächsten Level" zu streben. Immer wieder von Neuem. Falls Sie Ihr Ziel noch nicht erreicht haben, waren Sie einfach noch nicht gut genug. Entwickeln Sie das Verlangen und die Fertigkeiten, die nächsthöhere Ebene zu erklim-men, entwickeln Sie den Sportsgeist eines Olympio-niken, entwickeln Sie die Sucht, das nächste Level zu knacken.

Sehen Sie das Ganze mal als Spiel!

Abschlussmotivation – Survival of the Fittest!

Bitte lesen Sie dieses Kapitel nur, wenn Sie ein Wettbewerbsmensch sind!

Für diejenigen unter Ihnen, die eine intensivere Gangart und gleichzeitig auch Wahrheit vertragen, habe ich die nachfolgenden Zeilen geschrieben.
Das Thema Motivation ist so alt wie der Wald, jedoch wird es aus meiner Sicht manchmal etwas zu kompliziert gemacht.

Wir leben in einer Zeit, in der sich mittlerweile sehr viele Menschen damit beschäftigen und in der Tat oft nicht gerade zu seiner Vereinfachung beitragen. Unendlich viele Coachs, psychologische Berater, Therapeuten und was es sonst noch alles so gibt, streiten sich über intrinsische und extrinsische Motivation und verwirren damit ihre Klienten. Dabei ist alles eigentlich sehr einfach.

Ich selbst hatte im Strukturvertrieb zwei unheimlich erfolgreiche Kollegen. Der eine hatte Hauptschulabschluss, der andere stammte aus Weißrussland. Immer wenn ein neuer Geschäftspartner jammerte oder unmotiviert war, war deren Antwort: „Hey, denk mal kurz an dein Girokonto!" oder „Hey, haben deine

Kinder Hunger oder meine?" – und schon im nächsten Moment lief der Laden wieder wie am Schnürchen. Sehr einfach, aber durchaus wirkungsvoll, oder?

Manchmal gibt es Neueinsteiger im Network, die haben Angst vor gewissen Dingen, wie beispielsweise dem Telefonieren, dem Empfehlen von Produkten, dem Verkaufen oder dem Präsentieren vor Gruppen. Ja, ich gebe zu, auch für mich waren das Herausforderungen und sind es sogar immer noch. Aber ich hatte niemals Angst davor. Angst habe ich nur vor Krankheit und Armut.

Stellen Sie sich nun bitte einen sibirischen Tiger vor. Dieses Tier braucht im Schnitt 15 bis 20 Anläufe, um Beute zu machen und etwas zum Fressen zu bekommen. 15 bis 20! Da muss man sich einmal vorstellen, was bei einem Menschen im Network passieren würde, wenn er immer wieder zwischen 15 und 20 Anläufe bräuchte, um ein Produkt abzusetzen oder einen neuen Partner zu sponsern, das wäre doch für die meisten Menschen kaum zu verkraften, oder?

Das Faszinierende bei diesem Tier ist die Tatsache, dass der sibirische Tiger bei Misserfolg nicht „weint" oder „demotiviert" ist und schon gar nicht aufgibt, sondern dass er mit jedem Misserfolg noch hungriger und damit noch motivierter auf Beute wird. Wenn er aufgäbe, würde er leider verhungern.

Der große Vorteil bei uns Menschen ist im Grunde der,

dass – jedenfalls in der heutigen Zeit in unserem Kulturkreis – niemand bei Erfolglosigkeit verhungert. Trotzdem sollten Sie das Thema Erfolg ernst nehmen, denn es ist schon aus gesundheitlichen Gründen besser, erfolgreich zu sein, als erfolglos. Auf die Frage, warum, erklärte mir einer der oben genannten Kollegen:

Wer ständig hinterherläuft, der schluckt den Staub, den die Vorderen aufwirbeln.

Zu guter Letzt ist es mir noch ein dringendes Anliegen, Sie auf etwas Wichtiges hinzuweisen. Ich weiß, dass Sie nicht zu dieser Sorte von Leuten gehören, über die ich jetzt spreche – aber ich möchte, dass Sie diese erkennen, wenn Sie ihnen begegnen. Die Rede ist von den ***„Jammerern"***. Ja, es gibt Zeitgenossen, die versäumen keine Gelegenheit, anderen mitzuteilen, wie schlecht alles ist, dass sie gerade nicht durchstarten können, weil …, dass der Markt dicht ist, dass sie ungünstige Voraussetzungen haben oder dass gerade in ihrer Region schwierige Geschäftsbedingungen herrschen.

Vorsicht vor diesen Menschen, denn wer sich zu oft mit solchen Kollegen unterhält, läuft Gefahr, selbst so zu werden. Leider ist auch das gute alte Sprichwort „Freude ist das Einzige, was sich verdoppelt, wenn man es teilt" nicht wahr. Das merken wahrscheinlich auch Sie immer dann, wenn Sie sich mit jemandem unterhalten, der nur jammert, Sie damit „runterzieht" und Ihnen mit seinem „Gewäsch" sogar noch Lebenszeit klaut. Man kann sich im Grunde keiner Stimmung entziehen, denn sowohl eine positive als auch eine negative Haltung wirkt sich auf das Umfeld aus.

Das Einzige, was Sie tun können, ist, die negative Stimmung beziehungsweise die Leute, die sie verbreiten, aus Ihrem Leben zu verbannen.

Mir persönlich war und ist es auch heute noch ganz besonders wichtig, mich nicht allzu oft mit negativ gestimmten Zeitgenossen zu umgeben, weil ich fürchte, dass ich mich anstecken könnte. Ja, ich habe Angst, dass das **Jammern** eine Krankheit ist, die auf mich überspringt, wenn ich nicht achtgebe …

Ich freue mich, von Ihren Erfolgen zu hören, und wünsche Ihnen das Herz eines Löwen, die Hartnäckigkeit des sibirischen Tigers, den Fleiß einer Biene, den langen Atem und die Leichtigkeit eines Kolibri.

Ihr Tobias Schlosser

Das
REKRU-TIER

Geschichten aus dem Leben eines professionellen Direktkontakters

DER 2BEKNOWN BRANCHEN-BESTSELLER:

Im Jahr 1998 lernte Tobias Schlosser das Abenteuer Strukturvertrieb kennen und entwickelte sich in den darauf folgenden neun Jahren zum Vollblut-Kontakter und selbst ernannten **„REKRU-TIER"**.

Sein Werdegang vom Vertriebs-Greenhorn zum Stützpunktleiter mit Personalverantwortung ist geprägt von unzähligen Erfahrungen und Erlebnissen, unmittelbar an der Basis. Sein gesammeltes Know-How gibt er in diesem einzigartigen Buch für jedermann absolut authentisch und praxisnah wieder.

Getrieben von der Magie der großen Expansion und fasziniert von den gigantischen Möglichkeiten im Network-Marketing kultivierte er insbesondere seine Fähigkeiten im Bereich der „Direktansprache" von neuen, potentiellen Geschäftspartnern.

Auf Grund der unglaublich positiven Resonanz auf das 2beknown Standardwerk „Direktkontakt - Die Offenbarung eines Mythos" legt er in seinem neuen Buch besonderen Wert auf die Darstellung seiner besten Kontakterlebnisse und spektakulärsten Geschichten unmittelbar aus der gelebten Vertriebspraxis. Dieses Werk ist eine phantastische Bereicherung für alle Menschen, die nach neuen Wegen im Bereich der Mitarbeitergewinnung suchen und zugleich eine Inspiration für jeden Networker!

Bestellen können Sie das Buch unter:

WWW.2BEKNOWN.DE

Direktkontakt
Die Offenbarung eines Mythos!

Das Kontakter-Handbuch von 2BEKNOWN
Wie Sie immer und überall mit Spaß und Niveau
neue Geschäftspartner kennenlernen.

DER 2BEKNOWN BRANCHEN-BESTSELLER:

Wollen auch Sie immer und überall auf direktem Wege neue Geschäftspartner kennenlernen?

Dann kommen Sie am Branchen-Bestseller „Direkt-kontakt — Die Offenbarung eines Mythos" den 2BEKNOWN Top-Trainern Rainer von Massenbach und Tobias Schlosser nicht vorbei!

Rainer von Massenbach definiert den Direktkontakt für sich folgendermaßen:

„Direktkontakt ist die Fähigkeit, einen Menschen im öffentlichen Leben auf sehr stil- und niveauvolle Weise anzusprechen und ihn innerhalb von wenigen Minuten so für mein Geschäft zu begeistern, dass er mir seine Telefonnummer gibt und sich mit mir auf ein weiteres geschäftliches Treffen verabreden möchte."

Dieses Buch, welches das geniale 6-Stufen-Pro-gramm und viele weitere wertvolle Tipps aus ca. 80.000 Direktkontakten enthält, ist ein MUSS für alle Vertriebsmitarbeiter!

Bestellen können Sie das Buch unter:

WWW.2BEKNOWN.DE

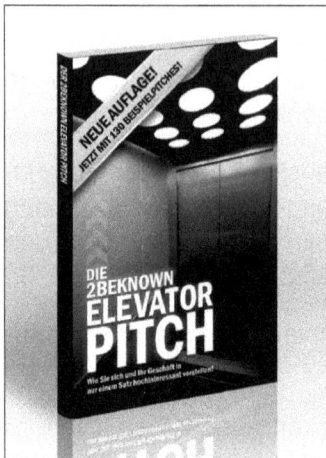

NEUE AUFLAGE!
MIT 130 BEISPIELPITCHES!

Die 2BEKNOWN
ELEVATOR
PITCH

**Wie Sie sich und Ihr
Geschäft in nur einem Satz
hochinteressant vorstellen**

DER 2BEKNOWN BRANCHEN-BESTSELLER:

Haben Sie das auch schon einmal erlebt?

Sie gehen durch die Stadt und entdecken unter all den Menschen den „optimalen Bewerber" für Ihr MLM. Oder Sie lernen eine Person kennen, die perfekt für Ihr Geschäft geeignet wäre.

Doch Sie schaffen es einfach nicht, dieser Person von Ihrer genialen Geschäftsidee so interessant zu erzählen, dass derjenige weitere Informationen von Ihnen haben möchte?

Oder haben Sie es einfach satt, immer die gleichen negativen Reaktionen bei den Leuten hervorzurufen, wenn Sie erklären, was Sie tun?

Dann haben wir etwas für Sie: Jetzt gibt es den ultimativen Leitfaden für die perfekte „Elevator Pitch" für Strukturvertriebsmitarbeiter und MLMer!

Alexander Riedl, der Marketingspezialist von 2BEKNOWN

hat viele Marketinggrößen interviewt und zeigt Ihnen in diesem kleinen Buch, wie Sie in 5 einfachen Schritten eine kurze, begeisternde und erfolgreiche Aufzugsansprache ertellen, die wirklich jeden mitreißt!

Bestellen können Sie das Buch unter:

WWW.2BEKNOWN.DE

Das sagt Alexander Riedl selbst über dieses Buch:

Liebe Leser,

ich hatte festgestellt, dass sehr viele MLMer und Strukturvertriebsmitarbeiter Probleme damit haben, mit anderen Menschen über ihr Geschäft zu sprechen. Doch das ist eine der wichtigsten Fähigkeiten, um Erfolg zu haben. Glücklicherweise kann man diese Fähigkeit erlernen.

Mein neues Buch beantwortet die Fragen nach dem „Was?", „Warum?" und „Wie?". Wenn Sie alle Aufgaben (und das 5-Schritte-Programm) erledigt und die Tipps umgesetzt haben, sollten Sie in der Lage sein, mit etwas Übung eine perfekte Elevator Pitch vorzutragen. Damit haben Sie das beste Tool an der Hand, mit welchem Sie anderen Menschen von Ihrem Geschäft erzählen und von sich überzeugen können. Interesse zu wecken, ohne gleich zu viel zu verraten, ist hier der Schlüssel zum Erfolg. Ich habe viel Zeit damit verbracht, mit einigen führenden Marketingspezialisten zu sprechen, um Ihnen die bestmögliche Informationen in einem kleinen und speziellen Buch zusammenzufassen. Hierbei war es mir wichtig, dass Sie keine unwichtigen oder überflüssigen Informationen erhalten. Genau wie bei einer gelungenen Elevator Pitch habe ich das für Sie herausgesucht, was am Wichtigsten ist und vor allem, das was für Sie den größten Nutzen bringt.

Unser Ziel bei 2BEKNOWN ist, dass Sie weiterkommen und die Erfolge erzielen, die Sie sich vorgenommen haben. Denn Ihr Erfolg ist auch unser Erfolg.

Ich wünsche Ihnen viel Spaß dabei!

Ihr Alexander Riedl

Tobias Schlosser meint:
„Die Elevator Pitch ist ein elementares Werkzeug für jeden Vertriebsmitarbeiter. Denn wenn ich aus dem Stegreif eine kurze, knackige Vorstellung meiner Person und meines Geschäfts vortragen kann, habe ich schon halb gewonnen."

Rainer von Massenbach ist sich sicher:
„Professioneller Vertriebsaufbau erfordert auch immer professionelle Vorbereitung. Jederzeit eine Elevator Pitch parat zu haben, maximiert die Chance, einen erfolgreichen Erstkontakt herzustellen erheblich!"

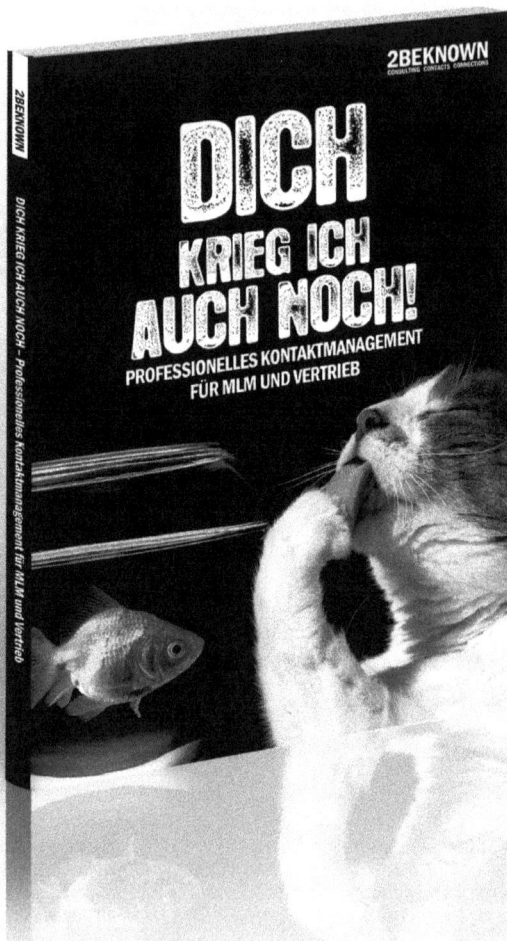

DICH KRIEG ICH AUCH NOCH!
Professionelles Kontaktmanagement
für MLM und Vertrieb

Das neue Buch von Rainer Freiherr von Massenbach:

„Die meisten Networker und Vertriebler essen nur ein Stück, dabei könnten sie die ganze Torte haben...!"

Der Grund dafür ist einfach: Sie sehen den Wald vor lauter Bäumen nicht! Fatalerweise gilt ein Mensch oft als geschäftlich wertlos, sobald das erste „NEIN" über seine Lippen gekommen ist. Schade eigentlich, denn Sie könnten wirklich jeden bekommen, den Sie wollen.

Wie das geht wollen Sie wissen? Sie müssen den richtigen Zeitpunkt erwischen und Sie sollten den „langen Atem" haben. Die passende Einstellung dazu muss lauten: „Dich krieg ich auch noch!"Wer ein professionelles Kontakt- und Beziehungsmanagement beherrscht, der hat sein Geschäft im Griff und punktet überdurchschnittlich.

Rainer von Massenbach liefert magische Werkzeuge um fremde Menschen zu Bekannten, Bekannte zu Freunden und Freunde zu Partnern zu machen. An Hand seines einfachen 7 Impulse-Planes lernen Sie, wie Sie früher oder später jeden Menschen für sich, Ihr Produkt oder Ihr Geschäft gewinnen können. Profitieren Sie von den Strategien und praxiserprobten Vorgehensweisen eines jungen Mannes, der das Networking als Lebenseinstellung sieht. Sie können tatsächlich jeden Menschen als Verbündeten in Ihrem Leben gewinnen. Sie müssen nur den richtigen Einsatzort, den richtigen Job oder das geeignete Projekt für ihn finden.

Dieses Buch zeigt Ihnen, wie Sie ganz einfach ein großes, gewinnbringendes und erfolgreiches Beziehungsnetzwerk für sich aufbauen und managen.

Bestellen können Sie das Buch unter:

WWW.2BEKNOWN.DE

Bibliografische Information der Deutschen Nationalbibliothek. Die Deutsche Nationalbibliothek verzeichnet diese Publikation in der Deutschen Nationalbibliografie; detaillierte bibliografische Daten sind im Internet über
http://dnb.d-nb.de abrufbar.

ISBN: 978-3-941412-13-2

Impressum:

Verlag:
2bepublishing
Oskar-von-Miller-Ring 33
80333 Munich
Germany

www.2beknown.de

Autor: Alexander Falkner
Verlagsverantwortliche: Alexander Riedl, Rainer von Massenbach, Tobias Schlosser
Lektor: Bernhard Edlmann
Gestaltung: www.phuongherzer.de